国家出版基金项目
NATIONAL PUBLICATION FOUNDATION

幼儿园领域课程指导丛书

幼儿园健康领域教育精要

——关键经验与活动指导

叶平枝 等 著

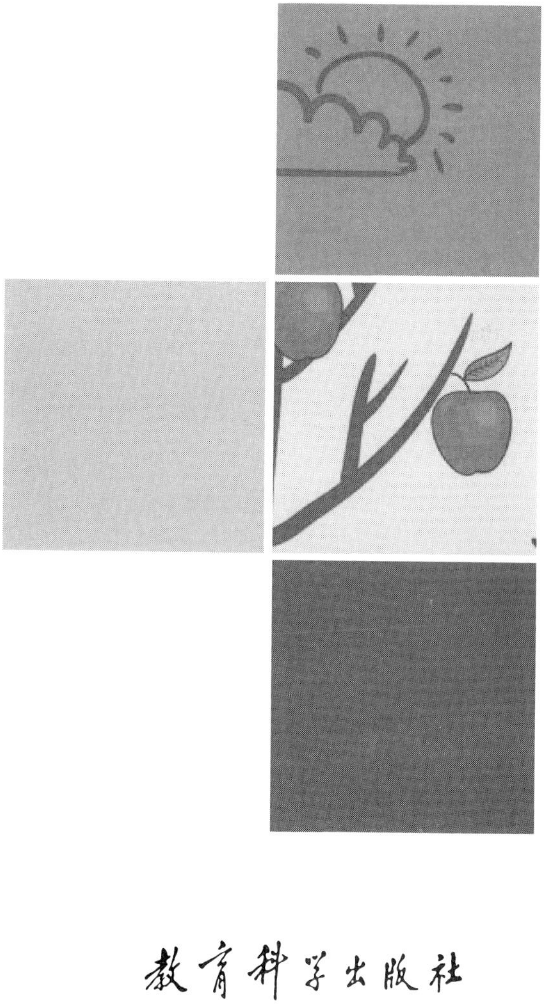

教育科学出版社
·北京·

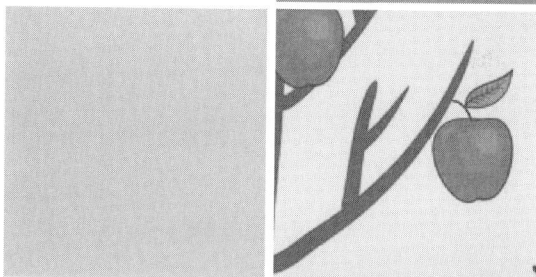

前　言

教育是有选择的，知识和经验是有比较价值的。斯宾塞提出的“什么知识最有价值”的论题一直是教育者持续探索和思考的问题。学前教育也不例外，甚至还更为重要。幼儿的可塑性强，易受伤害，容易受到环境的影响，许多能力和素质正处于发展的萌芽期和关键期，接受有价值的学前教育是极其急迫和重要的。开展有价值的学前教育无疑必须关注类似“什么知识最有价值”及“什么经验最有价值”的根本命题。

从教育实践来看，幼儿教师无论在综合课程还是分领域课程中，都会遇到知识和经验的瓶颈，如在教幼儿立定跳和单脚跳时，不懂得两者动作要领的区别，也难以找到相关资料学习借鉴。应该说，缺乏领域知识是幼儿教师在综合课程中出现大拼盘，在分领域教育中不得要领的主要原因之一。与中小学教师不同，幼儿教师是不分科不分领域的，职前教育也没有接受领域或学科知识的系统培养，故在领域知识和教育中非常薄弱。不仅领域教育的基本功和基本知识缺乏，综合课程的开展也会表面热闹实则缺乏实效。

基于上述考虑，在幼儿园健康教育领域中，如何给予幼儿教师最有价值的健康教育领域知识，如何让幼儿获得健康教育领域中最关键的学习和生活经验就成为写作本书的初衷。

我们认为，开展有价值、高品质的幼儿园健康领域教育，应该帮助教师把握幼儿健康领域学习的“关键经验”，围绕关键经验设计和实施教育活动。所谓关键经验，就是幼儿发展必不可少的学习经验，它们在幼儿的经验系统或结构中起节点和支撑作用，有利于经验的建构、迁移以及知识的深层理解。

健康领域的关键经验具有如下特点：第一，是幼儿健康领域发展必不可少的、最为核心的经验，这些经验对其他相关经验的获得具有启发和支持作用，如有食欲的进食是获得均衡营养的关键经验，它的获得对避免偏食、专注吃饭都有支持作用；第二，是连续的而不是片断的，可以建构和改造；第三，健康领域关键经验的获得和发展有赖于幼儿与环境（物和人）的互动，有赖于经验的积累；第四，关键经验既指经验的过程也指经验的结果，也可以说既是学习经验的结果也是学习经验的过程；第五，可以作为参照的要素，帮助幼儿教师进行课程的制定、实施和评价；第六，一种健康领域的关键经验可以通过多种活动获得，也可以在一次活动中获得健康领域的多种关键经验。

在撰写本书的过程中，我们努力做到三个结合：一是与《指南》和最新研究成果的结合。我们既依据《3—6岁儿童学习与发展指南》中的典型表现，也参考幼儿健康教育相关领域的研究成果确定关键经验。二是主动与被动接受相结合。幼儿接受成人的各类保健，如给予营养均衡的膳食、疫苗接种、晨检日常检查及定期的健康检查以及消毒防病等，同时，通过教师的各类健康教育活动，获得健康认知、树立健康的态度，形成健康的行为，真正能够主动进行自我保健。三是理想和现实的结合。既要充分利用现有资源进行健康教育，实现幼儿身体、心理的基本健康，也要根据健康观的演进，从社会适应、道德和生态等多角度促进健康，实现健康的理想发展。

本书共有七章。第一章为概述，主要阐述健康教育领域的教育价值、目标、内容、关键经验、获得途径及教育原则，第二章到第七章分别从身体健康、心理健康、社会适应、动作发展及身体素质、生活习惯及生活能力、安全教育等方面说明如何围绕关键经验设计、组织并指导不同类型的教育活动。为了能够使读者更好地把握每个部分的教学要点和关键经验，分别从关键经验的发展和影响因素、获得途径、保教要点以及活动的设计和指导几方面展开每一章的讨论。在写作过程中，力图使本书具有如下特征：①重点突出。梳理健康领域的关键经验，努力使教师开展基于关键经验的有效教育；②便于理解。实用性强，行文深入浅出，结合案例说明理论和活动设计；③《指南》导向。与《指南》精神和要求吻合，帮助读者更好地贯彻《指南》，同时利用《指南》把握关键经验。

本书是集体劳动的结晶，分工如下：第一章由叶平枝、赵景辉撰写；第二章由叶平枝撰写；第三章由孟亭含撰写；第四章由赵景辉撰写；第五章由张首文、辛小勇撰写；第六章、第七章由张娜撰写。

对本书的出版，教育科学出版社的白爱宝主任给予了大力指导，在此一并表示感谢！

叶平枝

2015 年 12 月

目　录

第一章

幼儿园健康领域教育及关键经验

第一节 健康与幼儿

健康是人们的首要价值追求，没有了健康就没有了一切。在所有教育中，健康都是一个不可或缺的教育领域。对于幼儿而言，健康更有超越一切的重要价值。

一、健康观的演变

“健康”是一个非常古老的问题，几乎与人类的历史一样久远。人类最初对健康的认识，是将健康与疾病、虚弱、不舒服等对立起来，并长期认为“健康就是不得病”，因此，如何认识疾病也就成了如何认识健康的关键。

随着人们对疾病的认知不断加深，对健康的认识也在不断变化。在一个相当漫长的时期里，人们的健康观只是将疾病与健康对立来看，将如何防病治病作为保持健康的方法。1948 年，世界卫生组织给健康下了如下定义：

"健康不仅仅是没有疾病或虚弱，而是指身体、心理和社会适应方面的完好状态。"之后，世界卫生组织又数次修改健康的定义。1978 年，将健康视为不仅是疾病与羸弱的匿迹，而且是身心健康和社会幸福的完美状态，进一步强化了健康的理想化状态。1989 年，指出健康不仅是没有疾病，而且包括躯体健康、心理健康、社会适应良好和道德健康。将道德健康也列入其中。近年来，人们深受环境污染之苦，"生态系统健康"的研究成为研究热点。"生态系统健康"的中心思想是：健康的生态系统才会有健康的人类。这一研究标志着人类关注的焦点已经从个体、公众、环境扩展到了整个生物圈，说明健康观已经从二维拓展到四维甚至多维视角。

从以上健康观的转变可以发现如下规律：①从身体健康的单维健康到心理、社会适应、道德健康等多维健康；②从静态健康到动态健康，从生病与否到不断完满生活；③从关注个体健康扩大到重视群体健康乃至生态健康；④从医学的关注到心理学家、社会学家乃至全社会的共同参与。健康观的一次次飞跃，生存环境的一步步恶化，使健康越来越成为全社会关注的热点。

现在要给健康下定义是一个比较困难的工作，世界卫生组织 1948 年的定义依然没有过时，只是要以群体、生态、多维、动态的视角把握健康的概念。健康不是非此即彼的简单问题，而是从健康到死亡的一个序列，最佳健康是一个不断追求的理想状态。

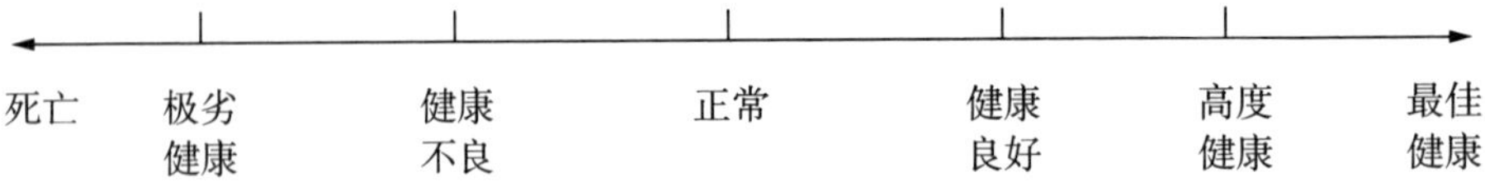

图 1-1

世界卫生组织曾对成人健康提出如下标准：①精力充沛，能从容不迫地应付日常生活和工作的压力而不感到过分紧张；②处事乐观，态度积极，乐于承担责任，事无巨细不挑剔；③善于休息，睡眠良好；④应变能力强，能适应环境的各种变化；⑤能够抵抗一般性感冒和传染病；⑥体重得当，身材均匀，站立时头、肩、臂位置协调；⑦眼睛明亮，反应敏锐，眼睑不发炎；⑧牙齿清洁，无空洞，无痛感。齿龈颜色正常，不出血；⑨头发有光泽，无头屑；⑩肌肉、皮肤富有弹性，走路轻松有力。

二、幼儿健康的价值

如何理解幼儿的健康？结合幼儿的特点，参考世界卫生组织 1948 年对健康的定义，可以这样理解：幼儿健康就是生长发育良好，身体、心理和社会适应的完好状态。换言之，身体、心理、社会适应是幼儿健康的三大要素。幼儿健康的价值主要体现在如下几方面。

（一）关乎幼儿的生存质量

童年只有一个，每个孩子都渴望美好的童年。一个孩子健康与否是决定其童年是否美好的关键。正如洛克所言，教育之精神寓于教育之身体，这是对人世幸福的一种简短而充分的描绘。凡是身体、精神都健康的人就不必再有什么别的奢望了。身体、精神有一方面不健康的人，即使得到了别的种种也是枉然。反观生活现实，可以发现那些经常感冒发烧、腹泻、咳嗽、过度肥胖的幼儿经常愁眉不展、痛苦不堪，何谈童年美好？更别说生存质量了。

如果身体羸弱，加之心理有问题，社会适应能力差，幼儿经常会处于各种不良情绪和痛苦之中，生存质量更令人担忧。

（二）决定幼儿的适应能力

经常会听到家长抱怨孩子一换地方就生病。家长本想经常送孩子到幼儿园，但由于孩子多灾多病难以如愿，这就是幼儿的适应问题。“适者生存”是达尔文的著名论断，在复杂的当今和未来社会，更需要具有高适应力的人类，但如今幼儿的适应能力却令人担忧。如有的孩子不会跟同伴玩，总是一个人独处一隅；有的孩子只会跟自己家里的人玩，一到外面就非常恐惧；还有的孩子只吃妈妈做的饭菜，离开妈妈生活就一塌糊涂等。成人会认为，这是因为孩子小，免疫力和消化能力都比较弱，所以适应性差。免疫力和消化能力较弱是幼儿的特点，但适应能力一定差吗？我们来学习一下蒙台梭利博士的发现。

蒙台梭利认为，所有动物中只有“人”最能适应各种天气，热带或极地，沙漠或丛林，只有“人”可自由地去他所喜欢的地方……幼儿不仅获得所有人类的能力，远超过其他动物，而且调整自己去适应他所要面临的气候、生活环境以及文明社会愈来愈复杂的要求。这种适应性的工作，造物主只交付给儿童来完成，成人已不易适应。成人似乎永远很难精通外国语言的腔调，即使该语言比他自己的语言简单得多。成人可能喜欢某个环境，只能把它放在记忆里。而幼儿却将它不知不觉地吸收了，构成内在心理的一部分。可见，蒙台梭利并不认为幼儿适应能力低，相反，他们有超乎动物和成人的适应能力。设想，如果一个外族婴儿诞生在北极，用当地的教养方式很有可能使其生存下来，而一个成人到沙漠长期生存往往会凶多吉少。如今，幼儿的适应能力之所以降低，一定要反思和改变我们的观念和教养方式。身心健康有助于适应能力的发展，适应能力本身也是健康的要素。

（三）奠定幼儿全面发展的基础

健康的体魄、敏捷的思维、积极的情绪和个性、良好的适应能力，正是幼儿全面发展的基础，没有健康就谈不上发展。正如洛克所说：“我们要能工作，要有幸福必须先有健康；我们要能忍耐劳苦，要在世界上做个人物，也必须先有强健的体格；这种种道理都很明显，用不着任何证明。”可以想象，拥有健康的幼儿会自由玩耍，积极探究和交往，认真专注地做事，热情地表达他们的所思所想，科学、社会、艺术和语言的发展都在自然而然之中。而不健康的幼儿，要么忍受身体、情绪和适应方面的折磨而自顾不暇，要么动辄疲惫，做事浅尝辄止，而且心有余而力不足。一个精神不振、感情贫乏的孩子，对教师的教学是不会有什么反应的。这样的孩子既没有自信也不守规则。就算真的能教这孩子些什么，也会让你感到筋疲力尽。显然，这些不健康的幼儿也难以形成健全的个性。

（四）构建成人健康的基石

幼儿健康与其成人期的健康是什么关系？从身体健康而言，现代医学研究表明，成人期高发的许多疾病，如动脉硬化、肥胖症、糖尿病等虽然到成年期才发作并表现出症状，但在童年期就已经留下了隐患，要预防这些疾病必须从小做起。从心理发展而言，弗洛伊德早就发现，许多精神疾病虽然看似成年期才有，但其阴影和祸根来自童年期。用蒙台梭利的观点来看，幼儿期是社会适应等能力发展的关键期，过了这个关键期，人的适应能力就会大大下降。凡此种种，都说明幼儿期是人一生健康的基石和土壤，童年的健康与成年的健康息息相关。

（五）汇聚家庭、社会幸福的源泉

幼儿的健康决定了一个国家的人口素质。一代身体不健康的幼儿逐渐成人后，会增加家庭和社会的负担，有可能因此而影响家庭幸福及社会的进步和发展。而一代心理不健康、社会适应不佳的幼儿发展下去危害更大，不仅给家庭带来负担，而且危害社会的安定和社会的未来走向。所以，家庭、社会的幸福取决于幼儿的健康，幼儿的健康是家庭、社会的宝贵财富，是学前教育能够给予幼儿的最珍贵礼物。

三、幼儿健康教育及其价值追求

（一）健康教育

健康教育顾名思义就是促进健康的教育。健康教育旨在通过教育提升个体对自身健康的责任，从被动接受保护到主动自我保健，从健康出问题找医生解决到防患于未然，将保健的责任自己承担。在医学上，健康教育一般是指通过有计划、有组织、系统的社会教育活动，使人们自觉地采纳有益于健康的行为和生活方式，消除或减轻影响健康的危险因素，预防疾病、促进健康、提高生活质量，并对教育效果做出评价。换言之，健康教育的核心是调动个体自我保健的主体意识，通过减少有害健康的行为，增加有益于健康的行为，实现保健的目的。从健康的定义而言，健康教育的目的不仅是预防疾病，争取不得病，而且要进行心理保健、努力适应社会，力图使自己的身体、心理和社会适应达到良好的状态。

菁菁是一个新入职的教师，上学期间她养成了晚睡晚起的毛病，体重也明显超标。走入工作岗位后，菁菁为了使自己健康起来，在领导、同事和父母的教育下，制定了早睡早起的生活制度，改掉了爱吃零食的习惯，坚持每天跑步。还主动购买一些心理自助书籍进行阅读，学会了情绪调节和人际交往的方法，能够心胸豁达地为人处事，很受同事和孩子们的欢迎。这里，菁菁在大家的教育帮助下，主动克服有害健康的行为，培养有益健康的行为，逐渐从不健康到越来越健康，这一过程既是健康教育的过程也是获得健康的过程。可见，健康教育起初往往是他人教育，而后会逐渐发展为自我教育，通过自己的努力获得并维持健康。健康教育过程伴随着健康的改善和增进过程，健康和健康教育往往相伴而生，互相促进。

（二）幼儿健康教育

目前，人们对幼儿健康教育的定义尚不清晰。顾荣芳教授认为，学前儿童健康教育是根据学前儿童身心发展的特点，提高学前儿童健康认识，改善学前儿童健康态度，培养学前儿童健康行为，保持和促进学前儿童健康的系统的教育活动。可从如下几方面理解幼儿健康教育：第一，幼儿健康教育是一个有目的、有计划的系统教育过程，是幼儿园教育的重要领域；第二，幼儿健康教育的核心是调动幼儿自我保健的主体意识，让幼儿自觉自愿地自我保健；第三，幼儿健康教育是改变幼儿对健康的认识、改善其健康的态度，形成健康行为的教育。认识、态度、行为是幼儿健康教育的三个着力点；第四，幼儿健康教育的终极目标是促进幼儿的全面健康。我们根据此定义讨论下列教育行为哪些是健康教育：教育幼儿早晚刷牙、帮助幼儿养成良好运动习惯、教育幼儿自己的事情自己做、通过图画来让幼儿学会一些控制情绪的方法、每年定期为幼儿进行体检。显然，前几个教育注重让幼儿主动保健，是健康教育，而最后的定期体检是成人主动、幼儿被动的保健，属于学前卫生学的范畴。

（三）幼儿健康教育的价值追求

正如前文所述，健康和健康教育是相互促进的。《3—6岁儿童学习与发展指南》（以下简称《指南》）从身心状况、动作发展及生活习惯和生活能力三个维度规定了幼儿健康教育的目标。

身心状况的目标其实就是健康的目标，即身体、心理和社会适应处于良好状态。身体、心理、社会适应的标准很多，《指南》列出了每个要素中最重要、最有代表性的目标，分别是具有健康的体态、情绪安定愉快、具有一定的适应能力。体态是人们站、行、坐、卧的姿态和身体外部可见的形态，良好的体态是身体健康的标志；情绪安定愉快是心理健康最重要的目标。心理问题和个性问题往往源自经常发生的负面情绪。所以，保持安定愉快的情绪不仅是幼儿心理健康的表现，也是心理保健的关键；适应能力不仅指社会适应，还包括气候适应及饮食、交通工具等身体适应。这几个方面的目标基本能够反映幼儿的健康状况。

如何实现完满的健康状况呢？《指南》中“动作发展”及“生活习惯与生活能力”两个子领域的目标对健康教育进行了具体的引领。“动作发展”主要关注三个方面：动作平衡、协调、灵敏，具有力量和耐力，手的动作灵活协调。前两个目标都是关于大肌肉发展的，是幼儿体育的重要内容。体育是达成健康的重要途径，近年来，诞生了一门新兴的交叉学科——体育保健学，主要关注体育运动对人体各方面的影响及人体对体育运动的积极性适应。如何让幼儿喜爱体育运动、养成运动习惯，在运动中锻炼各个系统、增进健康是重要的。为了达到锻炼的目的，《指南》提出了以前政策中少有提及的“具有力量和耐力”的目标，这一目标对于促进幼儿上肢肌肉的发展也很有价值。“手的动作灵活协调”对于适应能力和神经系统乃至人格的发展等都具有积极的意义；“生活习惯与生活能力”子领域则提出要“具有基本的安全知识和自我保护力”“具有基本的自理能力”“良好的生活与卫生习惯”等三个目标，这些目标是幼儿自我保健的重要内容。

分析《指南》的目标构成，可以比较清晰地把握幼儿健康教育的价值追求，也能够清晰地明白幼儿健康教育的主要内容。幼儿健康教育中，首先，要达成健康的目标，要在身体、心理和适应三个方面达成较理想的健康状态，这需要教师的主动保护促进，更需要幼儿自身的努力。其次，实现健康的目标，必须通过健康教育调动幼儿自我保健的积极性，在体育活动中进行保健，还要有良好的生活卫生习惯、基本的自理能力及基本的自我保护意识和能力。健康领域三个子领域的关系详见图 1-2。

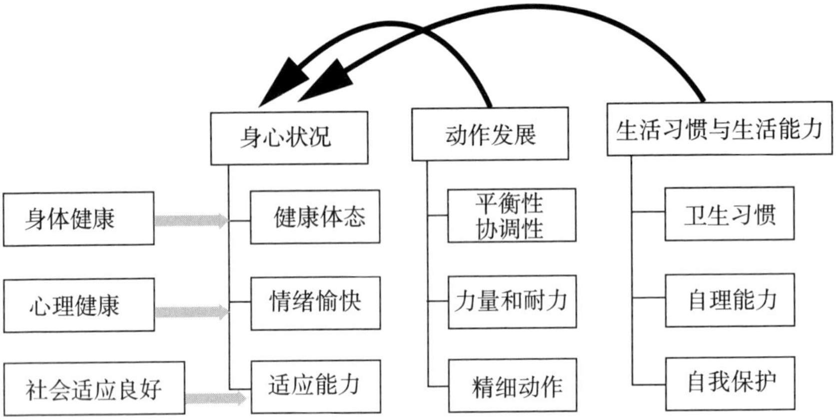

图 1-2　健康与《 3—6 岁儿童学习与发展指南》健康领域的目标体系的关系

第二节　幼儿园健康领域教育

促进幼儿身心健康发展是幼儿阶段的首要任务，是实现幼儿全面和谐发展的基础，为幼儿一生的健康打下良好基础。幼儿身心健康发展的实现，需要人们对幼儿园健康领域教育目标和内容的准确把握和深入理解。目标是幼儿园健康领域教育的逻辑起点，具有导向性。确立目标意识，准确把握目标的价值取向对幼儿获得健康领域的关键经验以及健康活动的设计具有重要作用；内容是幼儿园健康领域教育的重要载体，是实现幼儿园健康领域教育目标的有效保障。

一、幼儿园健康领域教育目标

（一）幼儿园健康领域教育目标的确立依据

关键经验是课程设计者希望幼儿在活动中获得的、对达成教育目标至关重要的学习经验，是通向目标的桥梁。幼儿园健康领域教育目标对健康领域关键经验的确定至关重要，健康领域目标的确定需要考虑各种因素与依据。就目前的分析看，人们对影响幼儿园健康领域教育目标制定的因素问题已基本达成共识。具体包括幼儿的身心发展规律、当代社会发展要求、健康教育领域的特质三个层面的因素。

1. 幼儿的身心发展规律

幼儿园健康领域教育的落点在于促进幼儿身心健康发展，健康教育目标的制定必须考虑幼儿的需求与发展，尤其是要关注幼儿生长发育的特征、关注幼儿的认知发展、情感萌芽和个性形成规律，诸多要素关乎着幼儿园健康领域教育目标能否落到实处，进而影响着幼儿园健康领域关键经验的确定。

幼儿的发展与需求有一定的规律，它是在一定年龄阶段中的一般的、典型的、本质的特征与表现，是在对个体差异概括基础上得来的一般性规律。如在生长发育层面，幼儿生长发育迅速，婴儿在2—3个月时体重就能达到出生时的两倍，1—2岁增长约10厘米；在动作层面，幼儿的动作从整体动作到局部的、准确的动作发展。婴儿期幼儿手掌获得物体呈现抓握反应，还伴有全身的运动。到了幼儿期，幼儿的抓握逐渐摆脱身体，单独依靠手掌。从四肢动作看，幼儿先学会手臂和腿等大肌肉动作，逐步过渡到手掌或手指的精细动作。幼儿身体生长与运动规律应成为幼儿园健康领域教育目标制定的重要参照。此外，幼儿的运动及健康与幼儿的思维发展密切相关。如在认知发展层面，幼儿思维方式的变化是从直观行动思维到具体形象思维和抽象逻辑思维，2—3岁幼儿主要是直观行动思维方式，3—6岁幼儿主要是具体形象思维。幼儿的学习主要依靠动作、直观的形象等方式，如果此时提供给幼儿的学习环境主要以语言、概念等抽象形式为主，没有动作、直观形象加以辅助，那么幼儿是不能够有效学习的。所以，幼儿园健康领域的教育目标也要以幼儿的认知发展特点为依据，才会使活动的设计与实施具备合理性和科学性。幼儿身心发展特点为幼儿园健康领域教育目标的确定提供前提基础，同时也为幼儿园健康领域关键经验活动提供前期支持，为幼儿园健康领域关键经验获得的方式提供启示。

2. 社会发展的要求

幼儿生活在社会中，不可能孤立地存在，因此，必定会受到社会环境的熏陶。婴幼儿从最初依靠条件反射到后天依靠学习，逐渐成为一个能有效参与社会的主体，除了自身主动与社会外界环境的互动，还会在这个过程中受到社会的影响。由此，幼儿的经验获得必然受到社会的影响，且应关注社会的变化以更好地获取对幼儿有利的关键经验。不同的社会发展时期，由于外界生存环境和社会发展不同，对幼儿个体素质有着不同的需求。如果我们缺乏对社会发展的明确定位，盲目地对幼儿进行健康教育，会导致幼儿不能适应未来的生活。由此，幼儿园健康领域教育目标的确定、内容的选择、关键经验的确定必须考虑社会的需求。

21 世纪是社会快速发展的时期，对人类的身体、体能发展提出更高要求以应对社会中的竞争。在健康领域，对幼儿体态发育、身体健康发展提出了更高的要求和挑战，为幼儿创造良好的身体成长环境成了健康教育的重要内容。如未来竞争的社会对人类的承受能力提出更多挑战，健康的情绪与良好的心态是未来社会生存中不可或缺的健康元素。在幼儿园健康领域，除了关注幼儿的身体发展、运动能力，还要关注幼儿的运动情绪表现与情绪表达，帮助幼儿建立正确的情绪表达方式，为幼儿适应未来的竞争奠定基础。未来的社会同样是一个快速变迁的社会，要求人们具备相应的适应能力，以便能够在快速变化中寻找应对方式。人们需要进行心理上、生理上以及行为上的各种适应性的改变，才能应对社会的快速变迁。由此，在幼儿园健康领域教育中要关注幼儿社会生活适应能力的培养，使幼儿在未来生活中能够根据外界的变化调整自己，能够接受新情境中的社会规范，融入多变的社会交往环境，适应多元的社会氛围。社会变迁对健康领域目标的确定、对幼儿关键经验的获得有直接的影响。

3. 健康学科领域的特性

学科是分类的，且具有自身的知识与特性。学科本身的知识逻辑体系对幼儿园健康领域学科及幼儿来讲无疑有着重要影响。学科体系能够帮助我们把握该学科的内在逻辑以及序列性，学科的逻辑和序列性应成为幼儿园健康领域教育目标制定、健康领域关键经验获得的参考依据。但值得注意的是，不同人对学科知识及其功能的不同认识会影响幼儿园健康领域自身的定位和教育目标的确定，因此，有必要给予澄清：如果我们过多强调健康领域知识的特殊功能，看重学科的知识逻辑体系及其影响，那么我们在幼儿园健康领域的教育中会过多给予教师、幼儿学科知识体系及幼儿知识经验的影响。如果我们更为看重学科的一般性知识及其功能，在幼儿园健康领域教育中更为关注幼儿一般的发展价值以及幼儿能力、情感经验的获得。鉴于3—6岁幼儿的身心发展特征、思维个性特点及学前教育自身的基础性地位，幼儿园健康领域教育的目标应关注幼儿一般的发展价值。可以发现，在《幼儿园教育指导纲要（试行）》中（以下简称《纲要》），健康领域的教育目标不过多强调获得健康方面的系统知识，而是强调幼儿的体质，培养健康生活的态度和行为习惯，为幼儿未来的健康发展奠定基础。《指南》同样将幼儿的运动情绪以及适应能力作为健康教育目标的重要组成部分。

（二）幼儿园健康领域教育目标的结构划分

幼儿园健康领域教育的目标具有一定的层次性和递进性，为了更清晰地把握幼儿园健康领域教育的目标，要对不同层次的教育目标进行厘定和分析。幼儿园健康领域教育目标包括总目标、阶段目标和教育活动目标等层次。总目标具有高度概括性和引领性，阶段目标是年龄目标的具体体现，教育活动目标则具有操作性和具体性。目标体系的分析与构建为我们更清晰地了解幼儿园健康领域关键经验提供支架。

1. 幼儿园健康领域教育的总目标

幼儿园健康领域教育的总目标体现在有关幼儿园的相关政策文本中。《幼儿园工作规程》规定幼儿园健康教育的目标是：促进幼儿身体正常发育和机能的协调发展，增强体质。培养良好的生活习惯、卫生习惯和参加体育活动的兴趣。《纲要》规定了幼儿园健康教育旨在增强幼儿的体质，培养健康生活的态度和行为习惯。《纲要》规定的具体目标有：①适应幼儿园的生活，情绪稳定；②生活、卫生习惯良好，有基本的生活能力；③有初步的安全和健康知识，知道关心和保护自己；④喜欢参加体育活动。《指南》指出：幼儿阶段是儿童身体发育和机能发展极为迅速的时期，也是形成安全感和乐观态度的重要阶段。发育良好的身体、愉快的情绪、强健的体质、协调的动作、良好的生活习惯和基本生活能力是幼儿身心健康的重要标志，也是其他领域学习与发展的基础。《指南》规定了幼儿园健康领域与儿童发展的目标。①身心状况，包括具有健康的体态，情绪安定愉快，具有一定的适应能力；②动作发展，包括具有一定的平衡能力，动作协调、灵敏，具有一定的力量和耐力，手的动作灵活协调；③生活习惯与生活能力，包括具有良好的生活与卫生习惯，具有基本的生活自理能力，具备基本的安全知识和自我保护能力。《指南》建议，为了有效促进幼儿身心健康发展，成人应为幼儿提供合理均衡的营养，保证充足的睡眠和适宜的锻炼，满足幼儿生长发育的需要；创设温馨的人际环境，让幼儿充分感受到亲情和关爱，形成积极稳定的情绪情感；帮助幼儿养成良好的生活与卫生习惯，提高自我保护能力，形成使其终身受益的生活能力和文明生活方式。近年来围绕幼儿园健康领域学习与发展的政策文本愈加具体和详细，一方面，《纲要》对健康领域教育目标的表述与要求侧重教育的角度，而《指南》则更关注从儿童学习的视角来阐述与分析幼儿园健康领域教育的目标，这都对幼儿园健康领域教育的具体实施有重要的引领作用；另一方面，幼儿园健康领域教育的目标体现为从幼儿体质、身体的发展变为体质、身体、生活能力、适应能力等兼具的完备型目标。总体目标为幼儿园健康领域关键经验的分析提供正确的价值导向与影响，提供了方向性的引领。

2. 幼儿园健康领域教育的阶段目标

幼儿园健康领域教育的阶段目标是指以3—6岁幼儿身心发展特点为依据而确定的目标，它是在幼儿园健康领域教育总目标的指导下，对3—6岁每个阶段的幼儿健康教育提出不同层次的要求，是对教育总目标的具体化。阶段目标的确定能够帮助我们细化总目标，并能更好地把握幼儿园健康领域教育的年龄特点，为具体的健康活动设计提供依据。《指南》从幼儿学习的视角，将健康领域分为身心状况、动作发展、生活习惯与生活能力三个目标，并具体划分为9个子目标，同时将9个子目标在具体年龄的表现呈现出来，如表1-1所示。

表 1-1 幼儿园健康领域教育阶段目标体系

维度	目标	小班（3—4 岁）	中班（4—5 岁）	大班（5—6 岁）
身心状况	体态正常	1. 身高和体重适宜 参考标准： 男孩： 身高：94.9—111.7 厘米 体重：12.7—21.2 千克 女孩： 身高：94.1—111.3 厘米 体重：12.3—21.5 千克 2. 在提醒下能自然坐直、站直	1. 身高和体重适宜 参考标准： 男孩： 身高：100.7—119.2 厘米 体重：14.1—24.2 千克 女孩： 身高：99.9—118.9 厘米 体重：13.7—24.9 千克 2. 在提醒下能保持正确的站、坐和行走姿势	1. 身高和体重适宜 参考标准： 男孩： 身高：106.1—125.8 厘米 体重：15.9—27.1 千克 女孩： 身高：104.9—125.4 厘米 体重：15.3—27.8 千克 2. 经常保持正确的站、坐和行走姿势
	情绪安定愉快	1. 情绪比较稳定，很少因一点儿小事哭闹不止 2. 有比较强烈的情绪反应时，能在成人的安抚下逐渐平静下来	1. 经常保持愉快的情绪，不高兴时能较快缓解 2. 有比较强烈的情绪反应时，能在成人的提醒下逐渐平静下来 3. 愿意把自己的情绪告诉亲近的人，一起分享快乐或求得安慰	1. 经常保持愉快的情绪，知道引起自己某种情绪的原因，并努力缓解 2. 表达情绪的方式比较适度，不乱发脾气 3. 能随着活动的需要转换情绪和注意
	具有一定的适应能力	1. 能在较热或较冷的户外环境中活动 2. 换新环境时情绪能较快稳定，睡眠、饮食基本正常 3. 在帮助下能较快适应集体生活	1. 能在较热或较冷的户外环境中连续活动半小时左右 2. 换新环境时较少出现身体不适 3. 能较快适应人际环境中发生的变化。如换了新老师能较快适应	1. 能在较热或较冷的户外环境中连续活动半小时以上 2. 天气变化时较少感冒，能适应车、船等交通工具造成的轻微颠簸 3. 能较快融入新的人际关系环境。如换了新的幼儿园或班级能较快适应
动作发展	具有一定的平衡能力，动作协调、灵敏	1. 能沿地面直线或在较窄的低矮物体上走一段距离 2. 能双脚灵活交替上下楼梯 3. 能身体平稳地双脚连续向前跳 4. 分散跑时能躲避他人的碰撞 5. 能双手向上抛球	1. 能在较窄的低矮物体上平稳地走一段距离 2. 能以匍匐、膝盖悬空等多种方式钻爬 3. 能助跑跨跳过一定距离，或助跑跨跳过一定高度的物体 4. 能与他人玩追逐、躲闪跑的游戏 5. 能连续自抛自接球	1. 能在斜坡、荡桥和有一定间隔的物体上较平稳地行走 2. 能以手脚并用的方式安全地爬攀登架、网等 3. 能连续跳绳 4. 能躲避他人滚过来的球或扔过来的沙包 5. 能连续拍球

续表

维度	目标	小班（3—4岁）	中班（4—5岁）	大班（5—6岁）
动作发展	具有一定的力量和耐力	1. 能双手抓杠悬空吊起10秒左右 2. 能单手将沙包向前投掷2米左右 3. 能单脚连续向前跳2米左右 4. 能快跑15米左右 5. 能行走1千米左右（途中可适当停歇）	1. 能双手抓杠悬空吊起15秒左右 2. 能单手将沙包向前投掷4米左右 3. 能单脚连续向前跳5米左右 4. 能快跑20米左右 5. 能连续行走1.5千米左右（途中可适当停歇）	1. 能双手抓杠悬空吊起20秒左右 2. 能单手将沙包向前投掷5米左右 3. 能单脚连续向前跳8米左右 4. 能快跑25米左右 5. 能连续行走1.5千米以上（途中可适当停歇）
	手的动作灵活协调	1. 能用笔涂涂画画 2. 能熟练地用勺子吃饭 3. 能用剪刀沿直线剪，边线基本吻合	1. 能沿边线较直地画出简单图形，或能沿边线基本对齐地折纸 2. 会用筷子吃饭 3. 能沿轮廓线剪出由直线构成的简单图形，边线吻合	1. 能根据需要画出图形，线条基本平滑 2. 能熟练使用筷子 3. 能沿轮廓线剪出由曲线构成的简单图形，边线吻合且平滑 4. 能使用简单的劳动工具或用具
生活习惯与生活能力	具有良好的生活与卫生习惯	1. 在提醒下，按时睡觉和起床，并能坚持午睡 2. 喜欢参加体育活动 3. 在引导下，不偏食、挑食。喜欢吃瓜果、蔬菜等新鲜食品 4. 愿意饮用白开水，不贪喝饮料 5. 不用脏手揉眼睛，连续看电视等不超过15分钟 6. 在提醒下，每天早晚刷牙、饭前便后洗手	1. 每天按时睡觉和起床，并能坚持午睡 2. 喜欢参加体育活动 3. 不偏食、挑食，不暴饮暴食。喜欢吃瓜果、蔬菜等新鲜食品 4. 常喝白开水，不贪喝饮料 5. 知道保护眼睛，不在光线过强或过暗的地方看书，连续看电视等不超过20分钟 6. 每天早晚刷牙、饭前便后洗手，方法基本正确	1. 养成每天按时睡觉和起床的习惯 2. 能主动参加体育活动 3. 吃东西时细嚼慢咽 4. 主动饮用白开水，不贪喝饮料 5. 主动保护眼睛。不在光线过强或过暗的地方看书，连续看电视等不超过30分钟 6. 每天早晚主动刷牙，饭前便后主动洗手，方法正确
	具有基本的生活自理能力	1. 在帮助下能穿脱衣服或鞋袜 2. 能将玩具和图书放回原处	1. 能自己穿脱衣服、鞋袜、扣纽扣 2. 能整理自己的物品	1. 能知道根据冷热增减衣服 2. 会自己系鞋带 3. 能按类别整理好自己的物品

续表

维度	目标	小班（3—4岁）	中班（4—5岁）	大班（5—6岁）
生活习惯与生活能力	具备基本的安全知识和自我保护能力	1. 不吃陌生人给的东西，不跟陌生人走 2. 在提醒下能注意安全，不做危险的事 3. 在公共场所走失时，能向警察或有关人员说出自己和家长的名字、电话号码等简单信息	1. 知道在公共场合不远离成人的视线单独活动 2. 认识常见的安全标志，能遵守安全规则 3. 运动时能主动躲避危险 4. 知道简单的求助方式	1. 未经大人允许不给陌生人开门 2. 能自觉遵守基本的安全规则和交通规则 3. 运动时能注意安全，不给他人造成危险 4. 知道一些基本的防灾知识

阶段目标具有很强的操作性和年龄序列，为我们把握不同年龄阶段幼儿的健康关键经验提供很好的抓手。由此，我们可以根据身心健康、动作发展、生活习惯与生活能力三大维度下的具体子目标来分析幼儿园健康领域的关键经验，同时考虑不同年龄阶段幼儿的特点，纵向地来聚焦幼儿园健康领域的关键经验。

3. 幼儿园健康领域教育的分类目标

幼儿园健康领域教育的分类目标是对幼儿园健康领域教育目标所包含的内容进行区分并归纳，是对幼儿园健康领域教育目标和幼儿园健康领域关键经验的横向解剖，方便我们对幼儿园健康领域教育目标、关键经验进行进一步理解。具体包括：①幼儿体态健康的发展目标；《指南》在健康领域的“身心状况”部分提出了“具有健康的体态”的发展目标，并进一步提出“身高和体重要适宜”以及要逐渐形成正确的坐姿、站姿和行走姿势等具体要求；②幼儿情绪健康的发展目标。良好的情绪表现是心理健康的重要标志。对于幼儿来说，情绪的安定与愉快是维护身心健康、促使其产生社会适应行为并逐渐形成良好个性的重要条件。《指南》依据幼儿的情绪特点与发展需要，提出了不同年龄阶段幼儿在稳定情绪、保持愉快情绪、适度表达和调节情绪等方面的具体发展目标；③幼儿适应能力的发展目标。《指南》根据幼儿的年龄特点，从人体对天气冷热及其变化的适应、对日常交通工具的适应、对新环境和集体生活的适应等方面提出了幼儿学习与发展的具体目标；④幼儿身体素质的发展目标。《指南》在健康领域的“动作发展”部分从身体素质发展的角度提出了促使幼儿“具有一定的平衡能力，动作协调、灵敏”和“具有一定的力量和耐力”的发展目标；⑤幼儿手的动作的发展目标。《指南》在健康领域的“动作发展”部分提出了“促使幼儿手的动作灵活协调”的发展目标。手的动作的发展对于个体适应社会生活以及实现自身发展具有重要的意义；⑥幼儿生活与卫生习惯的发展目标。《指南》在健康领域的“生活习惯与生活能力”部分提出了要促使幼儿“具有良好的生活与卫生习惯”的发展目标。《指南》从有规律地生活、对体育活动有兴趣、良好的饮食习惯（如不偏食、不挑食、不暴饮暴食、常喝白开水）和卫生习惯（用眼卫生、早晚刷牙、饭前便后洗手）等方面提出了不同年龄阶段幼儿需要学习与发展的具体目标；⑦幼儿生活自理能力的发展目标。《指南》在健康领域的“生活习惯与生活能力”部分提出了促使幼儿“具有基本的生活自理能力”的发展目标。概括地将《指南》中幼儿生活自理能力方面的学习与发展目标总结为盥洗、排泄、穿脱衣服和鞋袜、整理生活用品与学习用品等内容；⑧幼儿安全生活的发展目标。《指南》针对幼儿的生活环境与发展需要，从与人交往的安全、活动或运动的安全、交通安全以及求助、防灾等角度提出了不同年龄阶段幼儿学习与发展的目标。

幼儿园健康领域教育的分类目标方便人们对目标体系包含内容的理解，与幼儿园健康领域教育的纵向目标交相辉映，共同构建幼儿园健康领域教育的目标体系。至此，我们通过纵向的阶段目标与关键经验分析，横向的分类目标与关键经验整合，提供了系统化、立体化的幼儿关键经验图景。

4. 幼儿园健康领域教育活动目标

在幼儿园健康领域教育目标体系中，教育活动目标是最具体的，它是完成健康教育目标、体现幼儿园健康领域关键经验的执行路径。它是根据幼儿园健康领域教育总目标和年龄阶段目标，结合健康活动的内在特点以及幼儿园健康领域的关键经验而制定的具体的、可操作性的目标。

总体目标与不同的年龄阶段目标需要通过一系列的教育活动设计和实施才能逐步完成，需要将不同年龄阶段的健康教育目标分解并落实到一个个具体的健康教育活动中。如小班健康活动“水果营养多”的目标：①认识几种常见水果的名称及特征；②初步了解水果的营养价值，知道多吃水果对自己的身体有益；③初步养成不挑食的良好习惯。中班安全活动“闪闪红绿灯”的目标：①认识红、黄、绿色，了解基本的交通规则，知道遵守交通规则的重要性；②通过参与情境游戏活动，理解红绿灯的作用；③树立遵守社会公共规则的好品质，增强自我保护意识。大班体育活动“移石过河”的目标：①学习双脚在有间隔的物体上交替移动向前走的技能；②锻炼腿部力量，发展身体的平衡性和协调性；③体验与同伴合作游戏的欢乐氛围。值得注意的是，幼儿园健康领域的关键经验需要一系列的活动目标来支撑，诸多系统的活动目标可能反映幼儿园健康领域的某个关键经验，但同时，个别活动目标也会反映幼儿园健康领域多个关键经验。

（三）幼儿园健康领域教育目标确立的意义

1. 适应幼儿身心特点，促进幼儿健康成长

幼儿园健康领域教育是幼儿园教育的重要组成部分，为幼儿的终身发展奠定良好的基础。健康领域教育应尊重幼儿的身心发展特点和学习特点，充分关注幼儿的经验，创设幼儿健康活动的氛围，让幼儿主动、形象地学习。由此，健康领域教育目标的确立能够帮助我们更为清晰地洞察幼儿身心发展的特点，了解每个年龄阶段幼儿的发展特点与需求，把握每个年龄阶段的关键经验，从而提供适宜的教育，促进幼儿健康成长。

2. 满足社会发展需求，促进幼儿全面和谐地发展

幼儿的发展是从自然人不断向社会人转变的过程。在幼儿的成长阶段，教育者不仅要关注幼儿的内在自身需求，还要关注社会发展的需求，使幼儿能够更好地适应未来的社会。由此，在健康教育中不可避免地要考虑与社会需求的有效衔接。因此，幼儿园健康领域教育目标的确立能够帮助我们把握社会需求的方向，且结合幼儿的身心特点为幼儿的未来做好准备。如健康领域中特别关注幼儿的情绪能力、适应能力目标，正是社会的现实状况与需求在幼儿园健康领域教育目标中的重要体现，这样的目标有助于幼儿在身体、

情绪、社会性等方面的和谐发展。

3. 有利于教师专业成长，提供实施健康教育的依据

目标具有指向性，对健康领域教育活动来说是很重要的依据。教师作为健康领域教育的主要执行者，作为幼儿成长的重要他人，应该具有健康领域教育的目标意识，明确健康领域教育的目标体系，了解健康领域教育的目标层次。教师的目标意识能够帮助他们在活动中确保完整的活动流程，能够观察、记录幼儿，对活动进程与效果进行反思，提升专业水平。

4. 整合健康领域教育的价值取向，促进健康活动的有效开展

幼儿园健康领域教育目标整合了多元因素，将对幼儿发展的有效因素有效融合，能够体现健康领域教育的价值导向。同时，健康领域教育总目标、阶段目标、活动目标的纵向具化体系为幼儿园健康领域具体活动的开展提供了参考框架和操作指向。总目标和阶段目标为健康领域教育活动的开展提供了宏观框架，活动目标则为具体活动的开展提供了操作性目标，是活动内容、活动组织、活动实施、活动评价的重要参考依据。由此，准确目标定位能够促进健康领域教育活动有效开展。

5. 指向幼儿园健康领域关键经验，提高活动开展的有效性

关键经验是幼儿发展必须获得的经验，这些经验在幼儿的经验系统或经验结构中起节点和支撑作用，有利于经验的建构、迁移以及对知识的深层理解。一方面，关键经验具有经验的特征，主张关键经验的课程仍然强调经验和活动的价值，尊重幼儿的天性，具有“儿童立场的课程”的基本特点；另一方面，关键经验具有教育目标的特性，体现了教育者对幼儿可能生活的理解和追求，反映了“教师立场的课程”的部分特征。幼儿园健康领域教育具有不同的层级目标，其中总体目标与阶段目标为便于人们掌握健康领域的关键经验，提供了方向性和操作性指引，而关键经验又可以作为具体健康领域教育活动目标的依据，提升了幼儿园健康领域教育活动的有效性。

二、幼儿园健康领域教育内容

幼儿园健康领域教育内容与目标紧密相连，内容是实现幼儿园健康领域教育目标和关键经验的有效载体，也是健康领域教育活动设计与实施的有效依据。

（一）幼儿园健康领域教育内容的内涵

幼儿园课程内容是指依照幼儿园课程目标选定的通过一定的形式表现和组织的基本知识、基本态度和基本行为。按此逻辑，幼儿园健康领域教育内容是按照幼儿园健康教育目标选定的，通过一定的形式和组织，使幼儿学习获得的健康知识、态度和行为的总和。幼儿园健康领域教育内容是幼儿园健康领域教育目标和关键经验的具体表现。一方面，幼儿园健康领域教育内容为目标服务，目标和关键经验是内容选择的首要依据，内容的选择要与目标、关键经验一致；另一方面，幼儿园健康领域教育内容不仅仅包括学科的知识，还包括幼儿在学习过程中形成的态度、价值观以及相应的行为方式。应从更为广义的视角来理解幼儿园健康领域教育的内容，这恰恰与我们所倡导的“经验”理念相一致。最后，幼儿园健康领域教育的内容是依据目标有机组成的，是依据幼儿园健康领域关键经验整合的，不是刻意的、机械的划分为几部分，在内容的组织与实施上应关注幼儿学习的整体性。

（二）幼儿园健康领域教育的内容范围

幼儿园健康领域教育的内容范围是指幼儿园健康领域教育包含哪些内容。对内容范围的准确分析能够帮助我们确定幼儿园健康领域教育内容的边界，把握健康领域关键经验的核心范畴。其中，具有代表性的《纲要》与《指南》是分析幼儿园健康领域教育内容范围的重要依据。《纲要》中的幼儿园健康领域教育包括如下内容：①建立良好的师生、同伴关系，让幼儿在集体生活中感到温暖，心情愉快，形成安全感、信赖感；②与家长配合，根据幼儿的需要建立科学的生活常规。培养幼儿良好的饮食、睡眠、盥洗、排泄等生活习惯和生活自理能力；③教育幼儿爱清洁、讲卫生，注意保持个人和生活场所的整洁和卫生；④密切结合幼儿的生活进行安全、营养和保健教育，提高幼儿的自我保护意识和能力；⑤开展丰富多彩的户外游戏和体育活动，培养幼儿参加体育活动的兴趣和习惯，增强体质，提高对环境的适应能力；⑥用幼儿感兴趣的方式发展基本动作，提高动作的协调性、灵活性；⑦在体育活动中，培养幼儿坚强、勇敢、不怕困难的意志品质和主动、乐观、合作的态度。《纲要》中健康领域的主要内容涉及身体保健和生活自理教育、心理健康教育、生活习惯培养及环境教育、安全教育、体育等。《指南》在三个目标（身心状况、动作发展、生活习惯与生活能力）的引领下，确定了以下内容：健康的体态、情绪安定愉快、适应能力、身体平衡能力、动作协调灵敏、力量和耐力、手的动作灵活协调、生活习惯与生活能力、自我保护等。诸多内容从幼儿学习的视角进行系统规划，具有很强的参考价值和操作性。可以说，以上两个政策文本中的要求与规定为我们理解健康领域教育的内容范围提供了极为重要的依据，同时也为我们指明了健康领域所包含的关键概念与经验。

（三）幼儿园健康领域教育的内容

通过对幼儿园健康领域教育内容范围的描述，我们可以将其内在线索进行梳理，并将幼儿园健康领域教育内容的范围进行逻辑归纳，以便更清晰地理解幼儿园健康领域教育的内容及关键经验。具体内容如下：

1. 身体健康

学前期是人生的起步阶段，幼儿身体的各个器官发展极为迅速却又极不成熟，这个阶段是幼儿身体健康成长的关键期。身体健康应该成为幼儿园健康领域教育内容的重要组成部分。幼儿身体健康具体包括幼儿身体形态结构的健康发展、幼儿身体机能的健康发展、幼儿身体素质的健康发展以及身体发展中所需的营养、饮食等内容。

（1）身体形态结构

健康的身体形态结构需要教师与家长了解幼儿身体形态方面的发育特征以及身体姿势发展状况。身高与体重是幼儿生长发育最常用的形态指标，它关系到幼儿身体发育的基本特征与营养状况，在《指南》中也将其作为重要内容呈现。近年来幼儿的身高、体重问题值得关注，由于环境、观念的差异，农村幼儿存在身材矮小、体重偏轻、营养不良等情况。城市幼儿由于营养过剩、热量过多、运动量少，存在体重过高的倾向，这需要教师与家长建立正确的健康观，并根据幼儿的身体发育特征进行干预。幼儿的形态结构与幼儿骨骼、肌肉、关节发育状况密切相关。幼儿的骨骼与成人相比弹性较大、坚固性较差，骨密质较少，可塑性较大，容易发生弯曲和变形；幼儿的肌肉比成人柔软，肌纤维较细，水分较多，肌肉力量弱，容易疲劳；幼儿的关节窝较浅，韧带伸展性较大，但二者牢固性较差，容易引起脱臼。根据幼儿骨骼、肌肉及关节发育的特点合理地进行幼儿形态结构的塑造，尤其要预防违背幼儿形态发展规律的做法，要为幼儿的健康成长创造条件与空间。在现实生活中，关注幼儿的站姿、坐姿和走路姿势是否正确，直接关系到幼儿身体结构与形态，并影响幼儿的身体发育。

（2）身体机能

身体机能对人的健康成长至关重要，身体机能包括机体的新陈代谢水平以及各器官、各系统的功能。在幼儿阶段，健康领域重点要关注幼儿的血液循环系统机能、呼吸系统机能、消化系统机能。幼儿的心脏发育不完善，心肌纤维较为疏松，容量小，每搏输出量较少。在幼儿心脏发育未完善之时，只有增加心脏搏动的频率来增加输出量，才能满足幼儿身体机能的需求；幼儿呼吸器官黏膜娇嫩，有丰富的毛细血管，呼吸道管腔较窄，肺活量较少，呼吸浅而快，适当的体育锻炼能够提高幼儿的呼吸系统的机能水平；幼儿由于胃容积量较小，胃壁薄，胃肠蠕动能力差，消化系统较弱，增加体育锻炼，加快肠胃蠕动，增强食欲，有助于幼儿身体对营养物质的吸收，满足机能发展所需。鉴于幼儿身体机能生长发育的特征，教师与家长应关注幼儿身体机能的成长规律，并采用正确的教养方法和运动锻炼方式促进幼儿身体机能的发展。

（3）身体素质

身体素质是人体主要器官、系统的功能在肌肉工作中的综合反应，是人有效活动的一种能力，包括力量、耐力、速度、灵敏性和柔韧性等。身体素质对幼儿增强体质、提高健康水平、适应未来生活具有重要作用。由此，幼儿园健康领域教育的内容中不能忽略幼儿身体素质的内容，要通过丰富多彩的活动、游戏，综合、全面地锻炼幼儿，发展和提高幼儿的力量、耐力、速度、柔韧性、灵敏性等身体素质。

（4）营养与饮食

营养是保证幼儿进行身体活动、体育锻炼的重要物质基础。学前期，幼儿生长发育迅速，新陈代谢旺盛，对营养的需求更大。必须确保幼儿通过饮食吸取含有多种营养素的食物，以满足幼儿身体发展和机能完善所需的能量。除了成人的帮助，幼儿也要建立对食物和饮食的认识。幼儿在与食物接触的过程中，让他们认识食物的名称、颜色、形状、味道，建立对食物的最初经验，知道营养与自己身体健康的简单关系，明白身体的成长离不开各种食物提供的营养，建立初步的营养和饮食意识。同时，让幼儿了解健康的饮食习惯非常关键，如愉快进餐、饭前洗手、饭后漱口、吃饭定时定量、不挑食不偏食、细嚼慢咽、不暴饮暴食等。

2. 心理健康

在当代的健康观中，人们非常看重心理健康。健康应该是身体健康与心理健康的统一，两者相互影响、相互作用。《纲要》明确提出树立正确的健康观念，在重视幼儿身体健康的同时，还要高度重视幼儿的心理健康。《指南》也明确提出幼儿在运动时心情健康愉快，这些都指向了幼儿心理健康教育。具体来说包括：①表达和调节自己的情绪情感。情绪情感对幼儿的心理及行为有重要的影响，是幼儿心理健康的一项重要内容。幼儿的情绪情感具有易变性、易传染、易冲动等特点，根据这些特征，教育者要让幼儿正确认识情绪、了解情绪、能够学会表达自己的情绪，并对消极情绪进行调节。教师可以专门组织情绪认识与调节的主题活动帮助幼儿正确识别和表达自己的情绪，也可通过渗透的方式在其他领域的活动中让幼儿了解情绪。②社会交往能力。幼儿在社会化过程中需要掌握一定的社会规范、正确处理同伴关系，这些都是幼儿心理健康的表现。正常的社会交往能力能够帮助幼儿获得归属感和对周围环境、任务的正确认识。由此，在教育活动中要引导幼儿试图从他人的角度去考虑问题，学会轮流分享、互助合作等能力，掌握与同伴相处的技巧。③性教育。幼儿园健康领域教育内容中应包括让幼儿逐渐了解有关的性知识，防止幼儿产生性神秘感，培养幼儿正确的性别认同和角色意识。④心理障碍与行为异常的预防。在健康教育中，教师应能根据专业的观察、测评，判断幼儿的各类心理和行为异常反应，及早发现幼儿心理存在的问题，联合家长进行积极的早期干预和早期治疗。

3. 适应能力

适应能力是人类个体在社会生存中不可缺少的一种能力，通常包括两种，即个体身体对内外环境及其变化的适应和个体对社会环境的适应。幼儿期是个体身体迅速成长的时期，也是对外界探索欲望极其强烈的时期，更是幼儿对社会不断认知的时期，在这个时期幼儿会对外界的环境有很大的反应。《指南》从幼儿对天气冷热及其变化的适应性、乘坐日常交通工具的适应性、对新环境以及生活的适应性等方面进行了阐述。此外，适应能力还包括幼儿对社会的适应，具体指向幼儿对群体的适应、幼儿对交往的适应、幼儿对社会规则的适应、幼儿对社会任务的适应等。可见，我们必须厘清幼儿适应能力的内涵与外延，并将其内化，才能在幼儿园健康领域教育活动中有机渗透。

4. 动作发展

动作是人体的基本活动能力，是人在日常生活和社会实践中所必需的身体运动技能。《指南》从大肌肉与小肌肉两个方面提出了具体要求：在大肌肉层面提出的平衡能力、灵敏性、协调能力、力量和耐力需要基本的动作来练习。如走、跑、跳跃、投掷、攀登、钻和爬等动作，这些基本动作的练习可以增强体质、提高身体素质。根据动作的组成特点，幼儿的基本动作分为周期型动作和非周期型动作。周期型动作是以不断循环、反复某些基本的动作技术为基础，如爬行、走步、跑步等动作，非周期型动作是由几个相互衔接的动作环节连接形成的一个完整的、独立的动作，如跳跃、投掷等。非周期型动作相对较为复杂，对幼儿的身体协调性、敏捷性、耐力都有较高的要求；在小肌肉层面主要体现为手的动作协调灵活。幼儿期，手是认识事物某些特征的重要器官，而手的动作发展主要是精细运动的发展，这在幼儿期各项发育中起着非常重要的作用。通过手的运动，可使幼儿认识事物的各种属性和联系，使其知觉的完整性和具体思维能力得到发展。手的精细动作发展，是由整体到分化、由不随意到随意、由不准确到准确的一个连续发展过程。根据幼儿阶段手的动作发展特点，教师可以适当给幼儿提供操作工具，如筷子、剪刀等，锻炼幼儿的小肌肉精细动作。

5. 生活习惯和生活能力

幼儿从小养成良好的生活习惯是其一生都受益的，幼儿期良好的生活与卫生习惯养成会对成年后的行为与习惯产生积极的影响。良好的生活习惯包括基本的生活习惯、规律的生活习惯、清洁卫生习惯。基本的生活习惯主要是指幼儿的自理生活习惯，在《指南》中也特别强调这部分内容，并从幼儿独立进餐、盥洗、排泄后的自理，穿脱衣袜，整理生活用品与学习用品等方面提出具体的要求；规律的生活习惯是指幼儿能够建立一日生活的时间观念，能够养成按时睡眠、饮食、盥洗、运动等习惯；清洁卫生习惯是指幼儿能够具备卫生观念，在班级生活中有集体卫生意识，不破坏班级卫生环境，勤洗头、勤洗手，保持生活用品的清洁，保持生活环境的整洁。

6. 安全能力

幼儿活泼好动，对外界环境充满好奇，对外界事物总是动手摆弄和操作，但由于幼儿的年龄特征限制，缺乏对外界危险事物的认识与判断，自我保护能力受到局限。随着幼儿自主性的发展，幼儿对外界的探索兴趣渐浓，成人不能代替和包办幼儿去探索和认知，幼儿需要在成人的帮助下不断地识别危险的情境与事情，提升自我安全意识。由此，幼儿园健康领域教育中应包括提高幼儿安全自护能力方面的内容，帮助幼儿掌握必要的安全知识和技能，能够灵活处理遇到的安全问题。

通常安全问题包括幼儿日常安全中的自我保护问题和意外事件中的自我保护问题。日常生活中的安全问题存在于幼儿一日生活的方方面面，包括饮食安全、如厕安全、交通安全、用药安全、睡眠安全等。这些内容不能完全通过知识讲述的方式告知幼儿，而要在日常生活中进行渗透式影响；意外事件中的自我保护是指在意外事故发生时幼儿该如何正确处理，才能避免受到伤害的相关内容。如应对地震、泥石流等自然灾害的方法与注意事项，应对火灾、陌生人闯入等人为制造灾害的自救方法。此外，还应关注幼儿被拐骗的自救办法，如会用电话呼救或寻求他人帮助等。

三、幼儿园健康领域教育原则

教育原则是指教育活动有效进行的指导性原理和行为准则，它对教育活动的内容、方法、手段和形式等选择有着积极而重要的作用。幼儿园健康领域教育的原则是幼儿园为实现健康教育目的而制定的包括目标、法则和规则在内的完整体系，是幼儿园实施健康领域教育必须遵循的一些基本准则和基本要求。它对幼儿园健康领域教育的有效进行起着指导性作用，对达成幼儿园健康领域教育目标，提高教育质量，完成教育任务有着重要影响。幼儿园健康领域教育原则同样也是幼儿健康关键经验获得的准则和保障，在实现关键经验的路径中为我们明确幼儿园健康领域教育中哪些行为可为，哪些不可为。因此，有必要对幼儿园健康领域教育的原则进行分析。

（一）科学性原则

科学性是幼儿园健康领域教育首要考虑的原则，也是幼儿园健康领域关键经验发展的首要考虑因素。幼儿园健康领域教育的科学性原则体现在两个层面：一是幼儿园健康领域教育观念的科学性，二是幼儿园健康领域教育内容选择的科学性。

科学的幼儿园健康领域教育观念首先表现为大健康教育观念。随着世界卫生组织对健康定义的不断完善，人们对健康的理解也发生变化，从最初将健康指向身体健康，到现在指向身体、心理、社会适应以及道德品质等兼顾的大教育观。这就启示我们在开展幼儿园健康领域教育时，要全方位关注幼儿的健康发展，尤其不能忽略幼儿的心理健康与社会适应方面的发展。其次表现为幼儿园健康领域教育的生态观。生态就是指一切生物的生存状态，以及它们之间和它与环境之间环环相扣的关系。幼儿园健康领域教育是一个有机和谐的系统，健康领域教育的达成需要与之相关的因素的相互作用，幼儿园不仅要把握健康领域教育的理念、内容和方法，还有责任将社区、家庭等因素整合到健康领域教育中来，为幼儿园健康领域教育创建良好的生态环境。需要说明的是，教育者要正确理解生态，不要将生态仅仅定义为原生态、原始材料，尤其是幼儿园在开展生态式的体育活动时，谈及生态式体育教育，就要将体育活动放置在公园等生态环境中。体育活动中材料的开发和使用采用原始、天然材料，误将生态式理解为这些表层的空间、材料。其实生态式健康教育更是一种思维、一种系统、一种体系的呈现。第三，幼儿园健康领域教育围绕学科的关键概念来开展。我们一直强调幼儿园的教育活动应具备整合性特征，但这不代表着五大领域的学习没有边界。之所以相对划分为幼儿学习的五大领域，原因在于幼儿园教学的每个领域都具有特殊性，我们对每个领域把握的关键之处在于对学科关键概念的定位。如身体形态、心理健康、适应、生活习惯、自理、安全、动作等，这恰恰是健康领域教育活动凸显的关键概念。以“耳朵”主题的活动为例，“耳朵用处大”是科学领域的教育活动，创设空间和机会让幼儿去体验、探索、感受耳朵的用处与价值。“保护小耳朵”则是健康领域的活动，旨在让幼儿通过学习能够知道保护耳朵的方法，养成良好的健康习惯。

幼儿园健康领域教育内容选择的科学性是指选择的内容必须符合健康原理，应从幼儿的生活经验出发，正确解释幼儿周围生活中的健康问题和健康行为。幼儿园健康领域教育是对幼儿进行的科学的、启蒙的教育，旨在促进幼儿身体发展，拥有愉快的情绪，增强体质，促进动作协调发展，具备良好的生活习惯和基本生活能力。这就要求人们要对幼儿的身体、心理、适应能力、生活习惯、动作发展建立在客观科学的认识基础上，才能选择有效的内容、采取科学有效的方式进行。

（二）活动性原则

教育从本质上看就是一种活动，尤其在幼儿阶段，幼儿的思维特点决定了必须通过活动来对其开展健康活动。比起传统的听说式教育方式，活动本身表征的体验、行动，充分调动了幼儿参与的主体性和积极性。在健康领域教育活动中，应该遵守活动性原则，让幼儿在活动体验中获得对日常生活中有关健康的知识、经验，在活动操作中获得对健康行为的理解。此外，活动性原则是实现内化教育的重要准则，活动及其引起的幼儿身心结构变化与外界环境变化，往往对幼儿的影响是更为深远的，因为幼儿本身就在实践着、内化着，这种内化机制是幼儿成长和关键经验获得的重要途径。鉴于此，幼儿园教师要充分运用活动性原则开展健康教育，一方面，教师要提供科学的示范与生动形象的讲解，让幼儿具备最初的理解和表象；另一方面，教师要提供给幼儿活动实践的机会，在活动中体验安全、体验适应、体验交往，养成习惯，习得运动能力。诸如此类的做法是适合幼儿获取关键经验的重要方式，也是幼儿园健康领域教育活动有效性的重要保障。

（三）渗透性原则

渗透性是一个全面的教育观念，强调领域、地域间的相互畅通、相互作用，形成整体、均衡的发展趋势。幼儿教育作为基础教育中的基础，是人生的启蒙期，在此阶段，幼儿全面、均衡的发展至关重要。幼儿园健康领域教育是幼儿园教育中的一部分，为了完成整体性的目标，有必要将渗透的理念与方式融合在幼儿园健康领域教育中。具体来讲，一要渗透其他领域中。《纲要》明确要求：教育活动内容的组织应充分考虑幼儿的学习特点和认识规律，各领域的内容要有机联系，相互渗透，注重综合性、趣味性、活动性，寓教育与生活、游戏之中。如幼儿对自己自我保护方面的培养，可以通过儿歌的形式渗透语言活动中，对自己身体的认识又可以渗透科学活动中。二要在一日生活中渗透。教师要善于发现日常生活中的契机进行健康教育，捕捉促进幼儿健康与发展的情境。幼儿园健康领域的内容与幼儿日常生活中的吃住行密切相关，幼儿在日常生活中通过不断的体验、练习、学习，逐渐转化为幼儿的健康行为和习惯。《指南》在健康领域教育建议中提出："记住自己家庭的住址、电话号码、父母的姓名和单位，一旦走失时知道向成人求助，并能提供必要信息""外出时，提醒幼儿要紧跟成人，不远离成人的视线，不跟陌生人走，不吃陌生人给的东西；不在河边和马路边玩耍；要遵守交通规则等""幼儿的衣服、鞋子等要简单实用，便于自己穿脱""提醒幼儿保护五官，如不乱挖耳朵、鼻孔，看电视时保持3米左右的距离等""日常生活中鼓励幼儿多走路、少坐车；自己上下楼梯、自己背包""经常带幼儿接触不同的人际环境，如参加亲戚朋友聚会，多和不熟悉的小朋友玩，使幼儿较快适应新的人际关系"……诸多建议都是幼儿、教师和家长在生活中要采取的措施，充分体现出幼儿园健康领域教育内容与日常生活的有机结合。三要在家庭中渗透。对幼儿进行的健康教育内容不仅仅要在幼儿园中进行，还需在家庭中进行渗透。家园一致是幼儿形成健康观念、行为和习惯的重要保障，只有家园双方有效配合才会达成幼儿园健康领域教育的有效性。如在幼儿的小肌肉动作发展活动中，教师可以向家长介绍幼儿在幼儿园的发展情况并及时告知家长相关方法，并可以在家庭中延伸开展，这对幼儿的小肌肉动作发展极有帮助。由此可见，幼儿园健康领域的关键经验并不是单一的要素，而是多种因素相互作用、渗透的合力。

（四）循序渐进性原则

循序渐进原则是指开展幼儿园健康领域教育活动的内容、方法以及运动量安排要符合幼儿的年龄特点，尤其是幼儿的身体运动特点。要严格按照系统性和连贯性的要求，使幼儿通过自己的努力能够逐步完成任务，达到健康教育的目的。该原则是建立在教育者对幼儿身体生长的规律、心理变化的趋势、生理机能或能力变化以及幼儿认知思维变化规律认识的基础上提出来的。幼儿园健康领域的关键经验获得是建立在幼儿身心需求与发展特点基础之上的，这就要求教师遵循由易到难、由简到繁、由未知到已知，逐渐深化的原则，这样才让幼儿了解健康的知识、获得健康行为、形成健康的生活习惯，从而形成科学、合理的关键经验。一方面，幼儿园健康领域教育内容安排要由易到难、由简到繁。在健康内容安排上先提供给幼儿简单容易的操作内容，经过反复的练习与操作逐渐加深难度和复杂度，让幼儿有阶梯式的过渡。如幼儿的拍球技能学习经验，可以从幼儿双手拍过渡到单手拍；幼儿自理能力学习的经验，可以从对衣服的整理到书包的整理再到区域材料的整理；另一方面，要考虑幼儿的运动负荷量，尤其在体育活动中，应根据身体负荷量的规律，由弱到强合理安排幼儿的体育锻炼活动，促进其身心发展。

（五）游戏性原则

幼儿园健康领域教育活动应遵循游戏性原则，这具有合理性前提，同时也具有现实意义。游戏性原则不仅符合幼儿教育的基本要求，也符合幼儿的年龄特点。游戏是幼儿自发、自愿的活动，游戏俨然成为幼儿生活中最重要的活动，甚至在健康教育活动中，游戏成为促进教育活动得以顺利完成、幼儿获得关键经验的重要方式。正如杜威所指出的，由于学习内容对于幼儿来说是外部力量规定他们必须接受的东西，而不是他们自己感兴趣的东西，因此教师就想方设法采用各种教学方法引起兴趣，使材料有兴趣，用糖衣把材料包裹起来，让幼儿在他正高兴地尝试着某些完全不同的东西的时候，吞下和消化一口不可口的食物。游戏当之无愧成为幼儿最喜欢的包装。游戏的过程是松散的、非程序化的，是“我想怎么玩，就怎么玩”的自我掌握。游戏的内容是虚拟的，充满幻想的，在游戏中幼儿会沉迷于自己创造的世界，自己创造的生活。游戏能够使幼儿积极主动地与周围环境相互作用，能够最大限度地唤起幼儿的活动兴趣，幼儿在游戏中探索、发现、思考，积极主动地建构自己的经验、意义。游戏能够为幼儿的主动学习和经验建构提供一种具有“发展适宜性”的生态环境。这种生态能够为幼儿提供创新的活动经验，能够整合幼儿的娱乐需要与学习兴趣。此外，我们把主体性发展作为教育的根本目的，就必须创造有利于幼儿主体性发展的健康教育活动体系，为幼儿提供良好的健康教育环境。主体性的发展要以主体性活动为中介，游戏由于其自身特性成为发展幼儿主体性的适宜途径，对于幼儿主体性的发展具有独特的教育价值。由此，运用游戏形式来开展幼儿园健康领域教育不仅是可行的，而且还极具积极效应。如在体育教学中，教师积极采用角色游戏扮演唤醒幼儿的运动经验，创设游戏情境与规则使幼儿参与到体育教学活动中，寓教于乐，既能锻炼幼儿的身体，又能增强幼儿参与体育活动的兴趣，丰富幼儿的经验，培养幼儿良好的运动品质。

第三节 幼儿园健康领域的关键经验

一、关键经验的界定

理解关键经验，首先要清楚何谓“经验”。经验是认识论中的核心概念，也是日常生活中经常使用的词语。在教育发展的不同阶段，经验一词也在不同含义上被使用着。我们以杜威的“经验”概念来理解这一概念。

（一）经验

杜威认为，经验的内涵主要包括：第一，经验既是主动也是被动的，主动就是积极尝试，被动就是接受结果；第二，经验不是零碎的、片段的，而是联系的、相关的，有联系的经验才有积累有生长；第三，在经验的过程中，身心不是分离的，而是紧密相连的，互相促进的，人们在行动中思考，在思考中行动，“做中学”是很好的学习途径；第四，经验不是盲目的行动，而是有目的有导向的，是由思维积极参与的。最后，儿童通过反省性思维来获得有价值的、不断重组的、连续的经验，使心智获得升华，所以，经验具有反省性。

可见，杜威认为，经验不是被动、片断、零碎和无目的的，而是主动、联系和有目的的，是由思维参与的。通过身心合一的实验和尝试，经验可以不断积累，重组和改造，从而获得发展。因此，他提出“教育是经验的不断重组和改造”。

（二）关键经验

关键经验最初来自著名的认知发展课程——HighScope 课程，关键经验是该课程的一个核心概念。通过对幼儿的长期观察和互动，HighScope 课程的研究者与实践者发现，关键经验是幼儿发展必不可少的。这些经验是连续的，不是一次完成的，必须依靠幼儿主动操作物体，与他人交流以及经验的不断丰富来获得和发展。近年来，关键经验得到了国内学者的关注，逐渐成为人们研究的新领域。在幼儿园中，关键经验也成为人们谈论的话题，是教师在课程设计与实施过程中参考的重要因素。

什么是关键经验呢？所谓关键经验就是幼儿发展必不可少的学习经验，它们在幼儿的经验系统或结构中起节点和支撑作用，有利于经验的建构、迁移以及知识的深层理解。

第一，关键经验是幼儿发展必不可少的、最为核心的经验，这些经验对其他经验的建立具有启发性和支撑性；第二，关键经验是连续的，可以分成不同层次和领域的关键经验；第三，关键经验的获得和发展有赖于幼儿与环境（物和人）的互动，有赖于经验的积累；第四，关键经验既指经验的过程也指经验的结果，也可以说既是学习经验的结果也是学习经验的过程；第五，关键经验是从目标到实践的桥梁，或者是比较具体的教育目标，有人称为“二级目标”，对于课程的制定、实施和评价具有重要的作用；第六，关键经验可以通过多种活动获得，也可以在一次活动中获得多种关键经验。

二、幼儿园健康领域的关键经验

（一）幼儿园健康领域关键经验的确定

什么是幼儿园健康领域的关键经验？回答这个问题，既要参照相关的研究成果，也要兼顾不同年龄阶段幼儿的学习和经验特点。HighScope 课程中的 58 条关键经验就是研究者（也是教育者）对幼儿学习和发展的长期研究所获得的成果，但是，我们则缺乏相关方面的长期研究，在《指南》颁布以前，解决这一问题是非常困难的。《指南》的颁布为我们解决这一问题提供了很大的帮助。首先，《指南》是国内知名学者和各层级学前教育工作者集体智慧的结晶，参考了大量最新、最有价值的研究成果。其次，《指南》的焦点是确立不同领域的教育目标，这些教育目标恰恰是一个领域中最重要、最核心的教育追求，与关键经验的价值取向相吻合。再次，《指南》在每个目标下列出了不同年龄阶段幼儿的典型表现，并提出具体的教育建议帮助教育者理解并落实每个教育目标，这些做法使抽象的目标具体化、可操作化，搭建了从目标到实践的桥梁，因而也方便我们找到相应的关键经验。最后，《指南》的目标和典型表现均进行了内容效度和年龄效度的检验，在科学性和适宜性方面经得起推敲。

鉴于上述考量，我们参照《指南》健康领域的内容，确定幼儿园健康领域的关键经验。

（二）不同年龄阶段幼儿健康领域的关键经验

1. 小班幼儿健康领域的关键经验

参照《指南》的相关内容，我们确定了如下关键经验，这些关键经验是实现目标的桥梁，详见表 1-2。

表 1–2　小班幼儿健康领域的目标与关键经验

维度	目标	关键经验
身心状态	体态正常	1. 有食欲地进餐 2. 愿意睡午觉 3. 能在提醒下自然站直、坐直
	情绪安定愉快	1. 与父母分离时能克服情绪困扰 2. 能经常保持愉快心情 3. 不愉快时能听从成人建议让自己平静下来
	具有一定的适应能力	1. 有春捂秋冻的户外活动经验 2. 冬天不穿过厚的衣服 3. 喜欢玩秋千、摇椅、木马等大型玩具 4. 喜欢尝试不同的食物 5. 在幼儿园越来越舒服自在
动作发展	具有一定的平衡能力，动作协调、灵敏	1. 喜欢走直线等能保持身体平衡的运动 2. 经常爬楼梯 3. 能双脚连续往前跳 4. 运动时会躲避他人 5. 开始双手向上抛球
	具有一定的力量和耐力	1. 能在成人的帮助下尝试悬垂运动 2. 能尝试单手投掷沙包 3. 会单脚跳 4. 可以快跑 5. 愿意较长时间走路，不怕累 6. 喜欢运动
动作发展	手的动作灵活协调	1. 涂鸦 2. 自己用勺子熟练吃饭 3. 会使用剪刀剪直线 4. 尝试穿脱衣服 5. 练习扣扣子

续表

维度	目标	关键经验
生活习惯和生活能力	具有良好的生活与卫生习惯	1. 能在提醒下按时睡觉（包括午睡） 2. 吃饭细嚼慢咽但不磨蹭 3. 喜欢参加体育活动 4. 在引导下不偏食、挑食，喜欢吃新鲜食物 5. 愿意喝白开水少喝饮料 6. 不用脏手揉眼睛，不长时间看电视 7. 可以在提醒下每天早晚刷牙
	具有基本的生活自理能力	1. 可在提醒下饭前便后洗手 2. 在帮助下能穿脱衣服或鞋袜 3. 能将玩具和图书放回原处
	具备基本的安全知识和自我保护能力	1. 与陌生人保持距离，不吃他们给的东西，不跟他们走 2. 在成人提醒下不做危险的事情 3. 记得自己的名字、家庭住址和家长的电话和名字 4. 走失或遇到危险时知道呼救或者找警察

2. 中班幼儿健康领域的关键经验

参照《指南》的相关内容，我们确定了如下关键经验，详见表 1–3。

表 1–3　中班幼儿健康领域的目标与关键经验

发展维度	具体目标	关键经验
身心状态	体态正常	1. 食欲旺盛地进餐 2. 懂得睡眠的意义，睡眠良好 3. 可初步形成并保持坐、站、走的姿势 4. 懂得体检的意义并积极配合

续表

发展维度	具体目标	关键经验
身心状态	情绪安定愉快	1. 保持情绪愉快，愿意分享高兴的事 2. 不高兴时能较快缓解 3. 愿意与亲近的人分享自己的不快以寻求安慰
	具有一定的适应能力	1. 坚持在较冷或较热环境中进行户外活动 2. 有春捂秋冻的经验，冬天不穿过厚的衣服 3. 愿意到不同环境中玩 4. 喜欢玩秋千、摇椅、木马等大型玩具 5. 愿意随父母一起出外旅游，适应良好 6. 换新老师能尽快适应
动作发展	具有一定的平衡能力，动作协调、灵敏	1. 走直线，在低矮物体上走 2. 匍匐、膝盖悬空钻爬 3. 能助跑后跳跃障碍物 4. 追逐跑、躲闪跑 5. 能连续自抛自接球
	具有一定的力量和耐力	1. 双手悬垂 2. 单手投掷沙包 3. 连续单脚跳 4. 快跑 5. 长距离行走
	手的动作灵活协调	1. 画画、折纸 2. 自己用筷子吃饭 3. 沿轮廓剪纸
生活习惯和生活能力	具有良好的生活与卫生习惯	1. 按时起卧，坚持午睡 2. 喜欢参加体育活动 3. 不暴饮暴食 4. 不偏食、挑食，喜欢吃新鲜的食物 5. 常喝白开水 6. 知道保护眼睛的方法 7. 每天早晚正确刷牙

续表

发展维度	具体目标	关键经验
生活习惯和生活能力	具有基本的生活自理能力	1. 饭前便后主动洗手 2. 自己穿脱衣服、鞋袜、扣纽扣 3. 整理自己的物品
	具备基本的安全知识和自我保护能力	1. 公共场所不远离父母玩耍 2. 认识常见的安全标志 3. 遵守基本的安全规则 4. 运动时会主动躲避危险 5. 知道简单的求助方式

3. 大班幼儿健康领域的关键经验

参照《指南》的相关内容，我们确定了如下关键经验，详见表 1-4。

表 1-4　大班幼儿健康领域的目标与关键经验

发展维度	具体目标	关键经验
身心状态	体态正常	1. 食欲旺盛、科学地进餐 2. 懂得睡眠的意义，睡眠良好 3. 主动保持正确的坐、站、走的姿势 4. 懂得体检的意义并积极配合
	情绪安定愉快	1. 经常比较愉快 2. 会化解自己的不快 3. 能恰当表达自己的情绪 4. 能根据需要转换情绪和注意力
	具有一定的适应能力	1. 能在较热或较冷环境中较长时间活动 2. 有春捂秋冻的经验，冬天不穿过厚的衣服 3. 较少感冒 4. 不怕坐车坐船 5. 愿意随父母一起出外旅游，适应良好 6. 喜欢尝试不同的食物 7. 不怕适应新的人际环境

续表

发展维度	具体目标	关键经验
动作发展	具有一定的平衡能力，动作协调、灵敏	1. 喜欢在斜坡、荡桥、田埂上走 2. 喜欢爬攀登架（网） 3. 跳绳 4. 会躲避飞来之物 5. 连续拍球
	具有一定的力量和耐力	1. 双手悬垂 2. 单手投掷沙包 3. 连续单脚跳 4. 快跑 5. 长距离行走
	手的动作灵活协调	1. 画画 2. 用勺子熟练吃饭 3. 可以剪曲线 4. 会使用简单的劳动工具和用具
生活习惯和生活能力	具有良好的生活与卫生习惯	1. 有按时起卧的习惯 2. 吃饭细嚼慢咽但不磨蹭 3. 主动参加体育活动 4. 不偏食、挑食，喜欢吃新鲜的食物 5. 主动喝白开水少喝饮料 6. 主动保护眼睛 7. 早晚主动并正确地刷牙
	具有基本的生活自理能力	1. 自己根据气温增减衣服 2. 自己系鞋带 3. 按类别整理物品
	具备基本的安全知识和自我保护能力	1. 不主动给陌生人开门 2. 自觉遵守交通规则和安全规则 3. 运动时自己避免危险也能不给别人造成危险 4. 知道地震、火灾、煤气中毒等灾害的逃生和自我保护方法

第四节　幼儿园健康领域关键经验的获得途径

一、生活活动

为了获得健康领域的关键经验，实现健康教育的各项目标，幼儿健康领域教育的任务主要有三个：一是丰富幼儿对健康的认识，如吃青菜身体好，偏食不利健康等；二是树立正确的健康态度，如对青菜等自己不喜欢吃的东西不反感；三是形成健康的行为，如爱吃青菜等自己过去不喜欢吃的东西渐渐不再偏食。可以说，认识是基础，态度是关键，行为才是结果。幼儿健康领域教育不是让幼儿谈到健康侃侃而谈，实际生活却问题重重，而是将认识、态度转化为健康的行为，通过一系列健康的行为获得宝贵的健康。健康不是说出来的而是做出来的，行为的改变才是教育的终极目的。当幼儿在吃喝拉撒、衣食住行等行为中表现出健康的行为时，这些行为就成了自觉自愿、自然而然的行为习惯，如爱喝水、爱运动、定时排便、早晚刷牙，等等，幼儿的健康才有了切实的保障。因此，幼儿园健康领域教育的重点是培养幼儿健康的行为习惯。

行为习惯的养成不是一朝一夕一次活动能够做到的，而需要在生活中日积月累慢慢实现。因此，幼儿的一日生活就是获得健康领域关键经验的重要途径。

为了能够让幼儿在生活活动中获得关键经验，我们以中班“坐立走”姿势教育为例，说明生活教育的基本思路。中班是形成“坐立走”正确姿势的关键期，根据《指南》确立的关键经验就是“初步形成并在他人提醒下保持正确的坐立走的姿势”。怎么让幼儿获得“坐立走”的关键经验，形成正确“坐立走”的姿势呢？步骤如下。

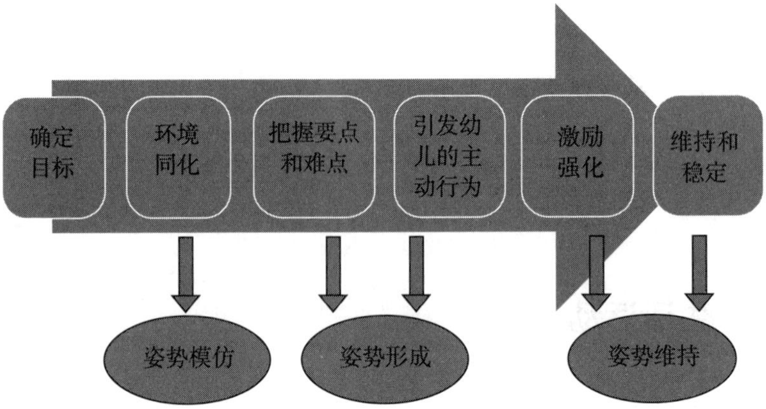

图 1-3　日常生活中"坐立走"姿势的形成过程

(一) 确定"坐立走"的教育目标

日常生活中的教育目标也是不能忽视的，幼儿获得"坐立走"的关键经验，必须要达到这样几个目标：①认知：了解"坐立走"的正确姿势要领，懂得正确姿势的意义；②态度：愿意形成"坐立走"的正确姿势，为自己能够做到而喜悦骄傲；③行为：能够不断克服困难养成正确的"坐立走"姿势，并在日常生活中保持。

(二) 环境同化

环境创设：在卫生间、盥洗室和活动室张贴一些正确的"坐立走"的姿势图片，布置两个红花栏，一个是进步红花栏，另一个是标准姿势红花栏。让幼儿明白如果"坐立走"的姿势正确、美观可以得到红花。

氛围营造：教师努力营造积极向上、热情愉快的班级氛围。

榜样示范：教师自己要保持正确的姿势，以榜样的力量激发幼儿的模仿行为。

(三) 清晰幼儿姿势形成的要点和难点

确定正确的"坐立走"姿势的动作要点，了解中班幼儿形成这些动作的难点。在生活中强化巩固幼儿的正确行为，以正面教育为主。

（四）引发幼儿的主动行为

采用游戏化、生活化和操作化的方式吸引幼儿的兴趣，让幼儿在故事和情境中初步掌握几种姿势的动作要点。

（五）及时鼓励和反馈

鼓励幼儿将正确的姿势动作迁移到生活中，让他们对自己“坐立走”的姿势进行评价，感觉有进步就可以要求教师给自己一朵进步小红花。如感觉自己在坐的姿势上有进步，就可以要求教师给一朵坐的小红花。每天全班小朋友一起评价谁的姿势（分为坐、立、走三种姿势）标准，就给那个小朋友小红花。每周评出三个“坐立走”姿势最标准的明星宝贝……通过这样的红花教育既反馈幼儿的个体进步，进行纵向评价，也反馈幼儿的集体进步，进行横向评价，加强幼儿对标准姿势的模仿和学习，这种教育比较好地将他律和自律结合起来，防止为红花而红花的简单强化教育。

为了提升幼儿的内在动机，除红花栏以外，也可以通过日常的具体评价给予幼儿及时有效的反馈，评价语言要少用“真棒”“真行”等空泛的语言，多用“你坐得很端正”“走的真有劲”“像解放军叔叔，进步很大啊!”等具体评价的语言。

（六）经常给予关注和提醒，不轻易打破幼儿的行为习惯

当幼儿已经形成了“坐立走”的正确姿势后，就要经常观察，遇到有问题的幼儿要以正向教育的方式给予帮助，帮助幼儿形成习惯。之后，通过鼓励评价和正确姿势的环境营造，维持幼儿的习惯。

二、教育活动

幼儿园健康领域教育活动有专门的教育活动、主题活动和各领域的渗透活动三种。

（一）专门的教育活动

健康领域集体教育活动有体育活动和其他健康教育活动两种。对于这些教育活动，基本的设计思路是：①围绕关键经验确定活动目标；②根据活动目标选择教育内容；③根据幼儿的特点和教育规律设计实施过程；④围绕关键经验进行针对性评价。

以小班教育活动“参观小小生态园”为例说明这一过程。首先，根据关键经验确定活动目标。小班幼儿有关力量和耐力的关键经验之一是“愿意较长时间走路不怕累”，《指南》中要求小班幼儿要能够走 1 千米左右的路程。为了能够让幼儿获得这个关键经验，教师确定了三个活动目标：“感知院内植物的多样性”，这个目标并不是重点，是为增加行走的趣味性而设；“感受行走的快乐”是态度的改变，这是行为改变的基础；“坚持走 25 分钟路程”是获得“较长时间走路”关键经验的目的所在。可见，这三个活动目标都是为获得关键经验确立的。其次，根据活动目标确定活动内容。怎么实现活动目标呢？由于该教师所在的幼儿园自设了生态园，通过游览生态园就可以实现三个目标。然后，根据幼儿的心理发展特点，如好奇心强、喜欢尝试、无意识学习等，结合教学的基本规律，如情境教学、发现式学习、运动负荷的安排和过程检查等方法，计划并组织教学过程。最后，反思活动目标是否实现，是否获得了“愿意较长时间走路不怕累”的关键经验。

范例

参观小小生态园（小班）

活动目标

1. 感知院内植物的多样性。

2. 感受行走的快乐。

3. 能以一般速度坚持行走 25 分钟。

活动准备

1. 确定线路：活动室—小操场—斜坡路—生态园—活动室。

2. 装满沙子且插有树枝的大饮料瓶数个。

3. 时间安排：行走 25 分钟，观察约 8 分钟。

活动过程

1. 激发兴趣

（1）教师：在动物之家的旁边，有一个长满各种各样植物的地方，它就是我们的小小生态园。今天我们一起去看看，好吗？

（2）教师：不过，我们要先来玩一个“绕过小树林”的游戏，然后，跳过荷叶桥，经过斜坡路到达那里。

2. 活动开始

（1）幼儿集中，教师检查幼儿的衣着。

（2）（行走）活动室—小操场（约 5 分钟）；游戏“绕过小树林”（两次）。提示幼儿绕过小树时要小心，要爱护小树苗。

（3）（行走）小操场—斜坡路（约 8 分钟）；游戏“走过小桥”（两次）。

（4）（行走）斜坡路—生态园（约 2 分钟）；生态园自由观察，如观察花匠叔叔给植物浇水；认识生态园的区域名称；知道这里的花草树木都是植物。

（5）（行走）生态园—斜坡路—长廊—活动室（约 10 分钟）。

活动建议

1. 活动前与花匠联系，请他指导幼儿观察植物。

2. 注意提示幼儿在下斜坡时慢慢走。

（二）主题活动

主题活动不是一次教育活动，而是在一段时间内围绕一个主题开展的一系列教育活动。由于关键经验不是一次就能形成的，围绕关键经验开展主题活动应该是健康领域教育一个很有效的途径。表 1-5 和表 1-6 就是广州市协和幼儿园养成教育园本课程的主题活动。

表 1-5　“坐立走”姿势的主题及预设目标

关键经验	主题	预设目标
正确的坐姿	我会坐	1. 知道良好的坐姿对身体成长的重要性，学习正确坐姿并养成习惯 2. 了解生活中有关“坐”的基本规则并愿意遵守 3. 初步学习一些常用的动词，较清楚地念儿歌 4. 认识常见动物知道其名称、明显的外形特征、习性及对人们的益处 5. 初步学习用点、线表达物体的大概特征
正确的站姿	我会站	1. 知道良好的站立姿势对身体成长的重要性，学习正确的立姿并养成习惯 2. 了解生活中有关“立”的基本规则并愿意遵守 3. 学习用普通话念儿歌、讲故事，理解其意思。能独立地、较清楚地念儿歌 4. 知道植物的生长及生活的明显变化；认识部分和整体的关系 5. 学习正确的唱歌姿势，能按节奏表演动作
正确的走姿	我会走	1. 知道良好的行走姿势对身体成长的重要性，学习正确的行姿并养成习惯 2. 了解生活中有关“行”的基本规则并愿意遵守 3. 在语言游戏中掌握一些常用的名词、代词、动词等；较清楚地念儿歌 4. 认识常见的交通工具，知道名称及其工作人员；区分上下空间关系 5. 能按音乐节奏做简单律动；对泥塑制造感兴趣，掌握搓长、团圆的方法

表 1-6　“坐立走”姿势的主题活动内容

主题	科学	健康	社会	艺术	语言
我会坐	1. 认识椅子 2. 小白鹅	乘车要注意安全	1. 向哥哥姐姐学习 2. 谁的椅子搬得对 3. 让座	1. 歌曲：《我会搬椅子》 2. 音乐游戏：《开火车》 3. 欣赏：小板凳	1. 故事：《小动物坐车》 2. 儿歌：《坐得好》 3. 故事欣赏：《琪琪家的椅子》 4. 我学白鹅挺起胸
我会站	1. 想站立的蛋宝宝 2. 小松树 3. 大脚王 4. 我会走	1. 我学解放军 2. 走 3. 走脚印 4. 我的身体	1. 红绿灯 2. 快乐幼儿园 3. 妈妈快放手 4. 听指示行动	1. 音乐游戏：小老鼠 2. 音乐游戏：看谁站得好 3. 音乐游戏：红绿灯等等	1. 我学松树站得直 2. 小松树 3. 学做小松树 4. 宝宝自己走
我会走	1. 袜宝宝的一家 2. 鞋子聚会 3. 我的小脚	1. 小兔过桥 2. 走脚印 3. 有趣的小脚 4. 大脚王	1. 我会走湿地 2. 小朋友散步 3. 一起去逛街 4. 有趣的交通标志	1. 滚动的轮子 2. 设计小汽车 3. 交通大集合	1. 宝宝自己走 2. 我爱鞋宝宝 3. 好孩子自己走 4. 马路上的汽车

教师在设计这些主题和活动时，围绕着关键经验设计目标，再经过一系列活动，实现从认知到态度再到行为的转化，能够比较有效地使幼儿获得关键经验。

（三）渗透于其他领域的活动

还有一些健康教育活动是渗透在其他领域的活动之中的，如在“睡觉觉”的语言领域教育活动中渗透“睡午觉”的关键经验；在“认识青菜”的科学领域教育活动中渗透“不偏食”的关键经验；在“遵守交通规则”的社会领域教育活动中渗透“自我保护”的关键经验；在“美丽的小孔雀”艺术领域教育活动中有“姿势和行走”的关键经验；在剪纸手工活动中有“小肌肉发展”的关键经验，等等。健康是贯穿整个幼儿教育的重要领域，同时，努力在各领域渗透，才能达到更好的教育效果。

三、游戏活动

健康的幼儿爱游戏，游戏的幼儿较健康，两者是相辅相成的。当幼儿身体比较健康良好时，幼儿会通过积极的游戏活动认识世界，并在其中获得愉悦感和自主感，这种游戏的愉悦性与生命运动相一致。游戏之所以好玩，是因为其不确定性，游戏的不确定性与生命运动的偶然性和不确定性契合。可以说，人类的生产性活动满足生存的需要，游戏活动满足发展的需要，游戏是生命活动不可或缺的部分，它是生命运动的一种形式。在这种运动中，幼儿饶有兴趣地做出各种游戏的努力，如努力跳跃、积极学会穿衣服等，从而使其思维、想象、解决问题等能力处于最佳状态，进而在认知、态度和能力上获得理想的发展，所以，游戏中的学习往往是最有效的。在幼儿教育的各项活动中，无论是日常生活、集体教学还是区域活动，都需要根据幼儿的特点游戏化。教学活动游戏化的原理就是利用幼儿喜欢游戏的心理或“游戏性动机效应”来提高幼儿参与教师发起、结构的非游戏活动的主动性和积极性。

除了教学活动的游戏化以外，幼儿自己发起的非结构化的自发游戏也需要珍视并积极支持。但是，幼儿的自发游戏往往被我们忽略，而教师的所谓游戏往往被幼儿这么评价：“老师，你的游戏啥时候结束啊？我们想玩自己的了。”所以，希望幼儿通过自发游戏来获得健康领域的关键经验必须要能够辨别幼儿的自发游戏并给予积极的支持和引导。

小班下学期，某一次“娃娃家”游戏。娃娃家的围墙边放着一把小椅子，小龙踩着椅子从椅背上爬进娃娃家。冬冬和小华看见了，也开始一个接着一个地从椅子背上爬进娃娃家。冬冬又拿了一个椅子，两把椅子排排齐。他们乐滋滋地从椅子背上跨进跨出，不停地重复着。

请问：这是幼儿的游戏吗？不到娃娃家里面玩，在椅子背上跳上跳下，这是幼儿调皮吗？有的教师可能就会上去阻止，让小朋友到娃娃家里好好玩。可是这位教师认为，幼儿是在进行自发性游戏，在这个游戏中，幼儿可以获得“跳跃”和“合作”的关键经验，应该给予支持和引导。

于是，教师在旁边观察许久，假装敲门。小华移开椅子让教师走进去。这时，小龙又搬来了两把椅子并排放在第二排。教师指着椅子好奇地问：“这是什么?”冬冬又站到椅子上，手指着椅子灵机一动，说：“这是门口的楼。”“哦，原来是这样。”教师赞许地点了点头。冬冬又去拿了一把椅子，挨个放着。小华也拿了一把椅子，放在第三排，小龙又在第三排加了一把椅子。三个幼儿就这样踩着椅子，跨过椅背，跳进去，又跨出来，嘻嘻哈哈地说：“是楼梯啊，是楼梯啊。”（教师始终在一边旁观）这时其他小朋友来了，都重复着他们的动作，还不时地加椅子。最后，“门口的楼梯”足足有七排小椅子，五六个幼儿不推不挤地玩得很尽兴。

显然，幼儿的游戏很有成效，很好地发展了“跳跃”和“合作”的关键经验，这与教师的情感支持和积极引导密切相关。

四、其他活动

（一）区域活动

幼儿园的区域活动也是获得关键经验的重要途径。幼儿可以根据自己的需要和兴趣选择自己喜欢的区域，进行个性化发展。如某幼儿园根据户外环境特点划分的户外体育活动的六大区域（综合体能区、自然野趣区、篮球区、攀爬区、车区、钻爬区），在活动内容上兼顾了幼儿走、跑、跳跃、投掷、钻爬、平衡、攀登、悬垂等基本动作技能，可以让幼儿的基本动作技能在户外区域体育活动中得到充分的发展。

可以创设的健康教育区很多，幼儿园可根据本园的教育计划创设。如可以创设生活区让幼儿学会系纽扣、穿衣服、洗手，也可以创设安全区域，让幼儿在其中学会自我保护、遵守交通规则等。

（二）家园共育

习惯和行为等关键经验的掌握是需要在各种生活环境中一以贯之的。如在幼儿园幼儿刚学会穿衣、洗漱，回到家里父母包办代替不给其锻炼机会，不仅不利于幼儿生活自理能力的发展，而且会带来一些说谎、两面派等个性发展问题，所以，与家长一起进行家园共育是健康领域教育特别重要的教育途径。

（三）社会活动

获得健康领域关键经验的途径还有很多，如开展远足、郊游等活动获得动作、身体运动素质等关键经验；通过参观集贸市场、菜园、超市获得不偏食等营养方面的关键经验；通过小区中的真实情境表演获得不走失、不被骗等安全教育方面的关键经验。

总之，获得健康领域关键经验的途径非常丰富，只要做一个有心人，就不乏教育机会。

第二章

身体健康：关键经验与活动指导

《指南》指出健康包括身体、心理和社会适应处于良好状态。其中，身体健康是健康的基础，获得身体健康，幼儿必须有合理的营养和锻炼、良好的睡眠、有效的防病治病、一定的自我保护能力。这些健康的要素，有些是需要成人努力做的工作，如制定营养配餐和体育活动制度，合理安排幼儿的运动时间和运动量，对幼儿进行晨检、日间观察和常规的健康检查；改造环境，对幼儿进行预防接种；有效地预防和治疗幼儿的各种疾病；有效地预防意外事故的发生，等等。有些则是幼儿必须自己完成的，幼儿对健康的知情意行不仅决定了成人保护工作的效果，而且也是健康获得的要素，如合理的营养不仅需要成人制定营养均衡的食谱，制作色香味俱佳的食物，营造良好的就餐环境，也要幼儿养成专心吃饭、食欲良好、不偏食等健康的饮食习惯。因此，促进幼儿身体健康，既要做好幼儿身体健康的保护和预防，也要通过教育使幼儿获得身体健康必需的关键经验。

第一节　幼儿身体健康的关键经验及影响因素

幼儿身体健康的要素是合理的营养、适度的锻炼、充分的睡眠和有效的疾病预防，每一个要素既有成人的任务，也有幼儿应具备的关键经验和能力。

一、幼儿合理营养的关键经验及影响因素

合理的营养既有赖于成人制定合理的食谱，并根据食谱提供色香味形俱佳的营养食品，也有赖于幼儿良好的食欲和良好的饮食习惯。前者是成人的工作和任务，后者就是幼儿应具备的关键经验和能力。良好的饮食习惯将在第六章详述，这里主要讨论良好的食欲。

（一）食欲调节中枢

获得合理的营养，单靠成人的努力是远远不够的。面对科学的食谱和营养丰富的食品，幼儿食欲亢进或者食欲不振都会带来健康问题，使幼儿或肥胖或营养不良。具有良好的食欲是合理营养的关键经验。

良好食欲的维持是由下丘脑的食欲调节网络所控制的，该网络由对立统一的两个中枢构成，即摄食中枢和饱中枢。摄食中枢兴奋时饱中枢抑制，人们有良好的食欲，能够食欲旺盛地进餐。相反，饱中枢兴奋时，摄食中枢抑制，无论多美味的食物都不能激发食欲。这两个中枢所构成的“食欲调节网络”是一个精细的调节环路，任何一个环节失衡，就有可能破坏机体内的能量稳定状态，从而导致食欲亢进或厌食。肥胖儿往往是摄食中枢持续亢进，饱中枢兴奋不足；食欲不振的幼儿则相反，饱中枢持续兴奋，摄食中枢兴奋

不足。如何使幼儿保持良好的食欲，使摄食中枢和饱中枢保持合适的张力，增加摄食和减少摄食处于良好的平衡状态呢？

我们可以在已有的研究中获得启示。从图 2-1 可以发现，血糖可以抑制食欲肽。人们饱腹后，血糖增高，食欲肽降低，摄食减少。如果幼儿养成吃零食的习惯，特别是吃含糖量高的零食，就会使血糖一直处于较高水平，从而抑制食欲肽，造成食欲不振。而当人们饥饿时，血糖降低，食欲肽增加，抑制瘦素，增加血脂和摄食过程，如果正常就会获得合理营养，过度就会导致肥胖。

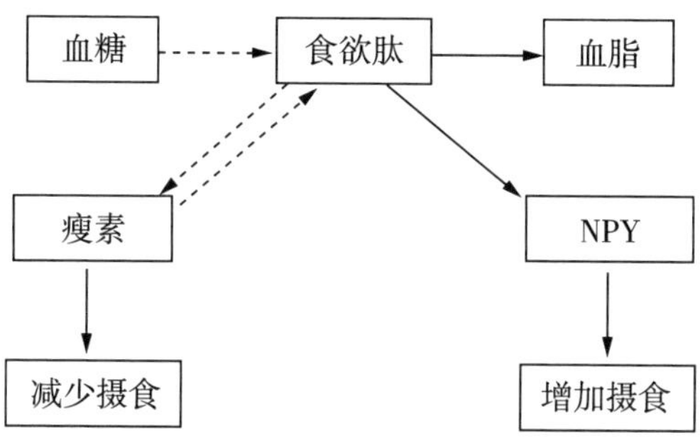

图 2-1　食欲肽与各因子相互作用路径

（实线表示促进，虚线表示抑制；NPY 是释放食欲信号神经肽。）

（二）幼儿食欲的影响因素

血糖水平是影响食欲中枢调节的重要因素，心理状态、运动不当、慢性疾病和一些营养缺乏都会引起食欲不振。

1. 血糖水平

由于血糖水平是随着幼儿的饥饿和饱腹而发生周期性变化的，所以，进食要有规律，尽早养成规律进食的习惯可获得良好的食欲。

2. 对各类食物的喜爱

对饮食的兴趣和喜爱是食欲的基础，成人强迫进食、食物的色香味形不佳、情绪不佳、偏食都会影响到幼儿对食物的兴趣。

3. 运动卫生

在进食前，剧烈运动也会抑制摄食中枢，影响幼儿食欲。

4. 疾病

缺乏一些微量元素，如锌、铁或身体状况不佳都会影响食欲。

二、幼儿体育锻炼的关键经验及影响因素

（一）运动习惯和兴趣

体育对人的发展具有全面深刻的影响，这些影响基于长期规律的运动习惯。养成长期规律的运动习惯是发挥体育功能，保护和促进身体健康的重要环节。幼儿期养成良好的运动习惯，不仅会促进幼儿身体健康，而且会为其一生的健康和全面发展打下良好的基础，因此，应以“终生体育”的理念培养幼儿的运动习惯和运动兴趣。

“终生体育”的理念诞生于20世纪后半叶，倡导体育贯穿人的一生，通过终生的体育和体育锻炼，使人们身体健康、身心愉快，获得全面发展，充实人生和提高人的素质，实现体育运动对人类和社会发展的巨大功能。根据“终生体育”的理念，任何人在人生的任何时期，都应该根据自己的体力、年龄、目的进行因地制宜的体育活动。可以说，“终生体育”不仅是一种教育理念，而且是一种生活理念，这不仅是教育实践倡导更是一种生活方式的改变。培养幼儿对体育锻炼的兴趣和习惯是“终生体育”基础而关键的奠基工程。

（二）幼儿运动习惯和兴趣的影响因素

1. 体育运动的场地和设施

场地和丰富的体育器械影响幼儿运动的兴趣和习惯的养成。宽敞的场地，丰富、有趣、适宜的各类体育器械，如滑梯、跷跷板、攀登架、各种球、车等，会吸引幼儿玩耍，使其不知不觉爱上运动，养成运动习惯。

2. 教师的体育素养

教师是幼儿运动习惯和兴趣培养的关键人物，他们可通过环境创设、体育游戏活动设计、体操设计、集体教学活动设计、激励和评价等多种途径及方式提高幼儿对运动的兴趣，帮助幼儿养成运动习惯。

3. 重要他人的榜样作用

生活中往往可以发现这样一个现象：热爱体育的教师往往会培养一批热爱体育的幼儿，男教师更加明显。幼儿园如果有一个热爱体育、阳光朝气的男教师，就会有许多孩子爱上运动。家庭也有这个现象，喜爱运动的家长往往会培养出喜欢运动的孩子。这首先是榜样的作用，幼儿通过模仿和观察学习与重要他人趋同。其次是教师和家长这些重要他人对幼儿进行有意识的教育和积极影响。由于父亲常常是喜欢运动的角色，如果幼儿经常与父亲相处，往往也会受到父亲的影响，成为一个爱运动的孩子。

研究者对中美两国情况进行了比较，发现近半个世纪以来，美国爸爸平均每周陪伴孩子的时间增幅高达153%，54%的爸爸每周都会带孩子在户外运动两次以上。爸爸在孩子运动习惯和兴趣的培养上起着重要作用。

4. 运动体验

运动体验对运动习惯和兴趣的养成具有重要作用。一般而言，人们趋向于多次经历快乐美好的体验，而避开痛苦不快的体验。因此，如果运动给幼儿带来的是快乐、美好和自信，他们就会更愿意运动，但假如运动给幼儿带来的是痛苦、不快、自卑的体验，就会使他们对运动产生恐惧。

在幼儿阶段，运动兴趣和习惯比运动技能更重要，所以，运动兴趣和习惯是重要的关键经验。

三、幼儿充足睡眠的关键经验及影响因素

充足的睡眠对幼儿身体健康非常重要，既需要保教人员创设良好的睡眠环境，合理组织幼儿睡眠，也需要教师帮助幼儿养成良好的睡眠习惯。

（一）良好的睡眠习惯

睡眠是一个体力和能量的恢复过程，可使幼儿消除疲劳，补充新陈代谢所需的能量，使生长激素有效分泌。充足、高质量的睡眠对幼儿身体健康非常重要，获得充足、高质量的睡眠有赖于幼儿养成良好的睡眠习惯。

良好的睡眠习惯包括入睡速度快、睡眠时间充足、有规律睡眠、睡姿良好等。睡眠时间因年龄而异，年龄越小需要的睡眠时间越长，3—6 岁幼儿一般需要 11 个小时左右的睡眠。有规律的睡眠是睡眠习惯的重要内容，是指幼儿能够根据生活制度养成习惯，具有明显的生物钟，午睡良好，晚上自然睡，早上自然起。

（二）睡眠习惯的影响因素

1. 睡眠环境

由于人们有昼醒夜眠的生物钟，光线幽暗、温度、空气质量等多种因素影响睡眠。其中，光线的影响最大，生物节律对于人的健康是非常重要的。我们可从宇航员的生活经验理解生物节律的重要性，宇航员在执行任务时，需要在飞行甲板上先经历 45 分钟光明，再接着经历 45 分钟黑暗，这种节律使许多宇航员都遇到过睡眠困难，平均每天只睡 6 个小时，比地面上少睡 1—2 个小时。

2. 生活制度

符合幼儿的生物节律的生活制度，可使幼儿的一日生活自然有序，减少疲劳，提高生活和学习效率。

3. 心理因素

情绪和心理状态也会影响幼儿的睡眠。如睡前兴奋、恐惧、紧张或不快都会影响幼儿入睡的速度和睡眠的质量。

4. 疾病

急慢性疾病都会影响幼儿的睡眠。如佝偻病幼儿由于缺钙，神经兴奋性增加，常常睡眠不安、夜惊。

四、幼儿疾病预防的关键经验及影响因素

疾病预防既需要成人进行晨检、健康检查、日常消毒等保护性工作，也需要幼儿具有良好的生活习惯。良好生活习惯的培养将在第六章详述，这里仅对保持良好的体姿对于生长发育中的幼儿预防疾病的意义进行探讨。

（一）幼儿体姿的形成及生理意义

体姿又称为身体的姿势，包括站、行、坐、卧的正确姿态。它与幼儿体态的概念是不同的，体态包括身体的姿态和身体的形态。幼儿正处于生长发育的关键期，骨骼易变形不易骨折，预防骨骼变形比较关键。在幼儿的骨骼系统中，脊柱的正常形状尤为重要，其“S”形的四个生理弯曲并不是与生俱来的。新生儿的脊柱基本呈直线形，在动作发展的过程中逐渐形成生理弯曲。婴儿的动作发育具有“二抬四翻六会坐，七滚八爬周会走”的发展规律，在 2 个月抬头时，形成颈曲，6 个月会坐的时候形成胸曲，12 个月会走的时候形成腰骶曲。

脊柱的生理弯曲对维持身体健康作用极大。具体体现在如下几个方面：①适宜于人体的直立行走；②减缓或消除走、跑、跳等动作带来的震动，保护大脑、心、肺、肝的健康。

刚开始形成脊柱弯曲是很容易发生变形的，因为姿势不正确、疾病或营养不良都会导致脊柱弯曲异常。

（二）良好体姿形成的影响因素

1. 教育和榜样示范

教育和榜样示范是影响幼儿养成良好体姿的重要因素，教师和父母需要有意识地教育幼儿保持良好体姿，且以身作则，给予榜样示范。

正确的姿势包括站、行、坐、卧等正确的体姿，要做到我们常说的“站

如松，坐如钟，行如风”。

2. 营养和疾病

良好体姿有赖于骨骼的健康，营养不良、佝偻病等疾病都会影响骨骼健康，使骨骼变形，影响体姿。

3. 合适的课桌椅和寝具

幼儿的游戏、绘画等学习活动，需要适合其身材的课桌椅以保持良好的坐姿。椅子过低或过高都会使腿部不能自然放松，腿部的血液循环不佳，容易疲劳。桌子过高容易发生近视，过低头部和脊柱下倾严重，容易导致脊柱变形。

幼儿的骨骼柔软易变形，适宜睡硬板床，沙发床、折叠床很容易引起幼儿脊柱变形。

第二节　促进幼儿身体健康的途径和方法

一、促进幼儿食欲的途径和方法

促进幼儿食欲包括预防和改善两个方面，要根据食欲的影响因素从如下几点促进。

（一）养成幼儿规律进食少吃零食的习惯

血糖降低可以刺激食欲中枢兴奋，激起食欲，所以，要根据幼儿食物排空的规律制定合理的饮食制度，帮助幼儿养成规律进食的习惯。幼儿年龄越小胃的排空时间越短，需要进餐的次数越多。一般而言，小班是三餐两点，中大班是三餐一点。除了一日三餐之外，在上午 10 时和下午 3 时各安排一次点心时间，其余时间尽量不吃零食。这样就可以让幼儿体验饥饿和饱腹的周期性变化，在需要就餐时感到饥饿，在美餐之后具有饱腹之感。“要想小儿安，必须让小儿三分饥和寒”就是这个道理。但许多父母对孩子纵容将就，孩子什么时候吃、爱吃什么，没有计划或有计划不执行，结果养成孩子爱吃零食的习惯，血糖水平一直维持在较高水平，食欲中枢得不到刺激，也就难以有良好的食欲。

（二）培养幼儿喜爱各类食物、不偏食的习惯

每种食物都有其营养价值，没有任何一种食物能够满足幼儿的所有营养需要，所以，要达到合理营养、营养均衡的目的，必须每日摄入尽可能多的食物种类，这就需要幼儿喜爱各类食物，不偏食。

1. 早预防

在婴儿哺乳期就注意及时为其科学地添加辅食，培养婴儿对不同食物的兴趣，及早预防偏食。

2. 提供可促进食欲的饮食

根据幼儿的心理特点，为幼儿提供色香味形俱佳的食物，以诱人的食物增强幼儿的食欲。

另外，关于营造良好饮食环境的内容请见本书第六章。

（三）注意运动卫生

爱玩的幼儿由于饭前做剧烈运动，因而会抑制食欲中枢的兴奋影响食欲，所以，饭前应避免做剧烈运动。

另外，食欲也与活动量有关，如果活动量有限，热量消耗有限，那会缺乏饥饿感而影响食欲。

（四）提供幼儿喜爱的餐具

进食期间的心理体验往往影响幼儿的食欲，为了增强幼儿食欲，可以为幼儿提供可以自由选择的可爱餐具。

（五）及时治疗各种影响食欲的疾病

偏食会造成营养不良，缺乏一些微量元素，如锌、铁等，致使机体组织代谢紊乱进而影响食欲，所以，一定要培养幼儿对各种食物的兴趣，循序渐进地纠正幼儿的偏食。

各种慢性疾病或肠道寄生虫病，也会造成因营养素消耗而导致的营养不良，进而影响食欲，所以，要及时治疗这些疾病。

二、培养幼儿运动习惯的途径和方法

（一）提供适宜宽敞的运动场地

适宜宽敞的运动场地和丰富的体育器械是幼儿参加体育运动的物质基础。

适宜宽敞的运动场地首先在面积上要与幼儿人数相对应。一般来讲，每名儿童要有 2 平方米的活动面积。各班专用面积大于等于 60 平方米，小于 100 平方米，全园共用面积为 180+20（班数-1）平方米，包括 30 米的直跑道、沙池和戏水池等。为了增加场地的吸引力，方便幼儿休息乘凉，可以在场地边缘建一些凉亭、回廊、小山坡，或者种植一些绿色植物。

托幼机构室外活动场地地面不能一味追求硬化，最好有多种类型的地面。水泥地面平整、便于清扫、雨后容易干，较适合开展早操等比较舒缓的体育活动；泥沙地面弹性较好，具有一定的缓冲作用，儿童在上面奔跑和跳跃时较安全，适合开展比较激烈的体育活动；草地自然、美观、柔软，对幼儿的吸引力最大，有利于他们自由嬉戏玩耍。

此外，场地的安全是最重要的，如要保证塑胶地面要用环保的材料，沙土地无菌无害等。

（二）场地上安放丰富的体育器械

场地上除了留出幼儿自由奔跑的区域外，必须安放各种各样、好玩好看的运动器械以吸引幼儿进行运动。

一般而言，幼儿园里的主要体育器械有五类：第一类为摇摆、颠簸类，如荡船、秋千、摇马等。这类器械可发展幼儿的动态平衡能力，增强前庭器官的机能，同时体验靠自己的力量摆动或颠簸的乐趣和成功感，发展自主性。还可以体会肌肉的紧张和放松的交替感。第二类为攀登设备，如攀登架、滑梯、攀登墙等。这些体育器械可以强壮肌肉，发展幼儿身体的控制能力，丰富感知经验，促进空间知觉发展，促进心理健康的发展。如当幼儿攀爬到滑梯顶部"嗖"地滑下来时，得到的不仅是平衡力和控制力的发展，而且还有信心、意志力的发展和成功的喜悦。第三类为各种车辆玩具。可以练习身体不同部位的肌肉，促进身体控制能力，获得视觉运动经验；发展空间知觉和判断能力；促进心理健康（独立感、自豪感）；激发想象力和愉快的情绪；熟悉基本的交通规则。

此外，还要自制一些体育器械，如秋千、攀登架等。

体育器械的安全和卫生不可忽视，在购买时注意环保指标，在使用时注意制定和执行检修制度，发现问题及时解决。否则，一次体育事故就会带来群体对运动的恐惧，从而影响幼儿的运动兴趣和习惯的养成进程。

（三）教师发挥显性课程和潜课程的双重作用

教师一方面是运动习惯和终生体育的榜样，他们对体育的热爱和身体力行是幼儿运动习惯养成的潜课程，可以起到身教重于言教、润物细无声的效果；另一方面，他们又可以通过环境创设，设计和组织开展各类体育活动，在运动的前中后各个环节，对幼儿进行激励和评价，有目的有步骤地提高幼儿对运动的兴趣，帮助幼儿养成运动习惯，充分发挥显性课程的积极促进作用。

作为幼儿运动习惯养成的关键人物，教师要做到如下几方面：①成为热爱运动的榜样；②为幼儿创设好玩有趣的运动场地；③充分利用阳光、空气和水进行锻炼；④能够设计有趣适宜的体育活动，包括体育游戏和各种体育活动；⑤开展趣味性和锻炼价值较高的早操、晨间活动、区域体育活动、体育游戏和各类集体游戏活动；⑥定期举行运动节，让幼儿在运动节的快乐氛围中体验运动的快乐。

三、养成幼儿良好睡眠习惯的途径和方法

（一）营造良好的睡眠环境

1. 幼儿睡眠室的光线要幽暗

幼儿睡眠室应配备具有遮光性的窗帘，在幼儿睡眠前将窗帘拉上，保持幽暗的光线，帮助幼儿产生睡意。

2. 空气清新，温度适宜

在幼儿睡眠前，要开窗通风，保持睡眠室的空气清新，既预防疾病，也有利于幼儿大脑的健康。

睡眠室的温度要适中，冬季和夏季要做好睡眠室的保暖降温工作。

3. 睡眠室要安静有序

安静有序的睡眠室可以稳定情绪，启动大脑的抑制功能，从而有助于幼儿睡眠。

（二）制定良好的生活制度

根据幼儿的生理、心理特点，制定科学有序的生活制度。动静交替、脑力与体力相互轮换，预防疲劳，形成动力定型，以最少的消耗获得最大的效率。该兴奋时自然清醒，充满活力，该睡眠时睡意蒙眬，沉沉入睡。

（三）做好睡前的准备工作

幼儿在睡眠前，不能吃得过饱。饭后安排 20 分钟左右的散步，避免情绪激动。不看电视，不听让幼儿情绪激动或恐惧的故事等。

此外，积极治疗幼儿的各种急慢性疾病。

四、培养幼儿良好体姿的途径和方法

（一）成人做好榜样示范

示范和榜样作用对幼儿形成良好的体姿具有重要的作用，所以，教师首先要自己保持好体姿。也要专门就幼儿体姿培养与家长沟通，帮助家长形成并保持良好的体姿，共同为幼儿做好示范和榜样，让幼儿潜移默化地受到成人的影响，发挥身教重于言教的作用。

正确姿势的标准如下：

1. 站：头颅、躯干和脚的纵轴在一条垂直线上，挺胸抬头，形成优美挺拔的站姿。

2. 坐：挺胸、收腹、梗颈，两臂自然下垂，两腿摆放自然，不跷二郎腿，不分太开，形成一种健康挺拔的身体形态，表现人体固有的脊柱形态和曲线。书写时头部不过分前倾，不耸肩、歪头，两肩之间的连线与桌沿平行。前胸不受压迫，大腿水平，两足着地，保持均衡稳定而又不易增加疲劳程度的体位。保持血液循环流畅，呼吸自如，下肢的神经不受压迫。

3. 行：在保持站立时正确、优美姿态的基础上，躯体移动应正直、平稳，自然不呆板。两臂自然下垂，摆动协调自如。膝盖正对前方，脚尖略微向外侧，落地时脚跟着地过渡到脚掌，两脚后跟几乎在一条直线上。两腿交替前移的弯曲幅度不要太大，步伐稳健均匀。

4. 卧：为避免心脏受压，一般朝右侧卧为最好。为防止局部受压发麻甚至出现痉挛的现象，仰卧也是一种好的卧姿，但不要把手放在胸上，以免压迫心脏。良好的卧姿可保证心血管、呼吸系统在安静状态下的正常工作，并有助于消除肌肉疲劳。

（二）进行有效的教育和训练

通过舞蹈、体育活动等加强幼儿的体姿训练。日常生活中注意提醒幼儿保持良好的体姿，给予及时的积极反馈（详见第五章）。

（三）加强营养，及时治疗各种疾病

加强营养，尤其要注意预防缺钙和佝偻病，注意让幼儿多晒太阳，营养均衡。注意摄入足够的豆类和奶类食品。对于急慢性疾病要做到早预防、早发现、早治疗。

（四）配备合适的课桌椅和睡床

1. 椅子

适宜的椅高应与幼儿的小腿长短同高。椅高指椅面前沿最高点距离地面的垂直高度。幼儿就座时，脚掌可平放地面，大腿与小腿之间的夹角基本上能保持在 90 度左右。从而使幼儿保持良好坐姿，自然地移动双腿。由于躯干的重量能合理地分布在臀部、大腿和脚掌三个支撑面上，不容易出现疲劳。

椅深应为幼儿大腿长的 2/3—3/4，保证幼儿就座时，大腿的后 3/4 部分都能置于椅面上，且小腿的后方留有少许空隙，不容易疲劳也不压迫神经。

椅宽一般比幼儿臀部宽 5—6 厘米，以保证幼儿臀部对身体的支撑作用。椅面前沿及两角要为钝圆形，椅面最好向后下倾斜 0—2 度。椅面若沿中线呈凹面时，其曲率半径应超过 50 厘米。

椅靠背的形状应与幼儿腰背外形相吻合，使幼儿腰背肌肉能得到休息。靠背上沿应略高于幼儿肩胛骨的下部，靠背的下端离椅面应留有一定的空隙，以便使幼儿臀部能前后移动，椅背应适当地向后倾斜 7 度左右。

2. 桌子

合适的桌椅高度差应为幼儿坐高的 1/3，使幼儿在就座时，两臂能很自然地平放在桌面上、背部能伸直为宜。桌椅的高度差若过大，会使幼儿在就座时耸肩或单肩提高，致使脊柱呈侧弯状态。若桌椅高度差过小，则会使幼儿上体过度前倾或单侧臂支持上体的重量于桌面，致使脊柱呈侧弯状态或呈

弯腰状态。

桌椅距离包括椅座距离和椅靠距离两个指标，这两种距离都是使幼儿保持正确姿势并能合理地利用靠背的必要条件。椅座距离为桌近沿向下所引之垂线与椅座前沿之间的水平距离。在椅深合适的情况下，正距离和零距离都不能使就座幼儿保持良好的读写姿势，桌椅之间有2—4厘米的负距离最为适宜。椅靠距离为桌近沿与椅靠之间的水平距离。为了使幼儿在读写时桌近缘不致压迫胸部，又能利用靠背，要求幼儿的胸前应有3—5厘米的自由距离。

幼儿应使用平面桌，可以兼顾作业、游戏和就餐等活动。桌面的宽度不宜小于书写时两肘间的距离，桌面的前后尺寸不小于书本长度的一倍半，或约等于前臂加手长。根据托幼机构的实际情况，可以两人坐，也可以四人坐、六人坐一张桌子，无论是几个人共同使用一张桌子，桌面面积、采光的方向以及光线的强弱等都应根据情况进行调整，以符合基本的卫生要求。

由于托幼机构桌面较低，因此桌子的下方不宜设有抽屉或横栏，以免影响幼儿下肢的正常摆放与自由活动。如有特殊需要，大腿和抽屉之间应留有空隙，一般桌面至抽屉底的高度不大于桌椅高差的1/2。

桌椅的重量应适中，便于打扫卫生和安全搬运。桌椅的颜色应选用浅色，但不应使用白色，因为白色的反光性较强，会对幼儿的眼睛产生较强的光刺激，以致损伤眼睛。

托幼机构桌椅配置的依据应是幼儿的身高，而不是幼儿的年龄，因为幼儿的身高个体差异比较大。同样是小班幼儿，需要的桌椅尺寸是不一样的。每个班最好有几套高矮不同的桌椅，尽可能使每个幼儿能够得到满足其身材需要的课桌椅，以保持良好的体姿。所以，托幼机构应根据幼儿身高的变化，不断地调整桌椅，使之始终适应于幼儿的发展与需要。

3. 床

寄宿制托幼机构和具备条件的全日制托幼机构中的每名幼儿应使用自己专用的小床和寝具，以免疾病的传播。床应适合幼儿的身材，具体地说，幼儿床的长度应为幼儿的身高再加15—25厘米，床的宽度应为幼儿肩宽的2—2.5倍。为了保证幼儿睡眠时的安全、便于自己上下床和铺床叠被，幼儿床的高度一般为 30—40 厘米，不宜过高。为防止幼儿骨骼变形，最好选用木板床或棕绷床、藤绷床。幼儿床的边角应设计成圆形或者弧形，避免幼儿磕碰受伤。

第三节　幼儿身体健康教育活动的设计与指导

幼儿身体健康教育活动主要是指通过集体教学进行专门的幼儿身体健康教育，这类活动虽然不是进行幼儿身体健康教育的主要途径，却有其重要的价值。在幼儿身体健康教育中，我们如何区分集体教学活动与幼儿一日生活活动的不同价值，更好地进行适宜有效的集体教学，让幼儿获得有意义的学习呢?

一、开展幼儿身体健康教育活动的价值和条件

（一）幼儿身体健康教育活动的价值

为什么我们的集体教学活动经常看起来热闹，却并没有达到应有的效果?生活、游戏和教学三类活动的区别在哪里?如何确定集体教学的独特价值并进行有效的教学呢?学前知识系统化教学的思想对解决这些问题具有重要的启发。苏联学者乌索娃认为，幼儿所掌握的知识可分为两类，一类是比较简单的知识技能（简单经验），无须专门教学，在日常的生活、游戏和劳动中即可获得；另一类是比较复杂的知识技能（复杂经验），必须进行专门的教学方可掌握，这些知识技能虽然所占分量很少，但对幼儿的发展却是非常重要和关键的。这类有目的、有计划地将幼儿的简单经验提升为关键的、可以建构的复杂经验的教学过程就称为“作业教学”。作业教学就是画龙点睛的幼儿园集体教学活动，也就是说，作业教学追求集体教学活动的质量而不是

数量，旨在对幼儿已有经验和经验类型分析的基础上，进行少而精的集体教学，从而提升幼儿的关键经验，使幼儿获得更好的发展。

具体到幼儿身体健康教育活动中，基于作业教学思想的幼儿园身体健康教育活动，首先，可以充分利用幼儿大量的身体健康行为的简单经验，如关于对不同食物的不同喜好、睡眠的各种体验、体姿的各种感觉、运动的各种感受等，这些简单经验在幼儿的生活和游戏中大量体验和积累，因没有归纳提升，不利于幼儿的发展。相关的集体教学活动可以充分利用幼儿的这些大量简单经验获得较好的教学效果。其次，通过有效的幼儿身体健康教育活动，可以帮助幼儿形成表象层面的关键概念或经验。如幼儿在生活中积累了常见水果的色香味形的经验，但对于这些水果营养价值的认识和兴趣还不够，通过集体教学，可以激发幼儿对水果的兴趣，使他们形成“水果有益健康，要多吃水果”的认识，这就形成了关于“水果有营养好吃”的关键经验。有了这样的认识，幼儿遇到未吃过的水果，也会有兴趣尝试，说明他们已经获得了可以拓展的关键经验了。同时，在集体教学过程中，教师的步步引导也使幼儿学会了如何认识事物、形成知识体系的方法，这对其思维和认知的发展都具有重要的价值。

（二）幼儿身体健康教育活动的条件和成功要素

综上所述可以发现，成功的幼儿身体健康教育活动不是信手拈来随意设计的，它必须要具备一些条件：①教师对幼儿各种关键经验了然于胸；②发现幼儿积累了大量的可以提升为关键经验的简单经验；③幼儿的发展和兴趣也到了可以提升的关键时刻。只有具备了这些条件，我们才可以设计幼儿健康教育活动，方可好钢用在刀刃上。

具备了最佳的时机和条件，要进行成功的幼儿身体健康教育活动，应把握如下几点：①区分两类经验，哪些是在日常生活中获得的经验，哪些是需要提升的、在教学中可获得的复杂经验；②在设计活动时，将幼儿的生活、游戏经验进行对接；③精选教学内容，突出关键经验或知识；④教学方法、策略得当有效；⑤可引导幼儿学习。这与一日生活活动的思路是不同的，在一日生活活动中，教师创设环境，顺应幼儿的发展，让幼儿自然而然地获得简单经验，而在教学活动中，教师要有目的有计划地引导幼儿发展；⑥通过教育活动使幼儿经验系统化、有提升，获得有意义的发展（见图 2-2）。

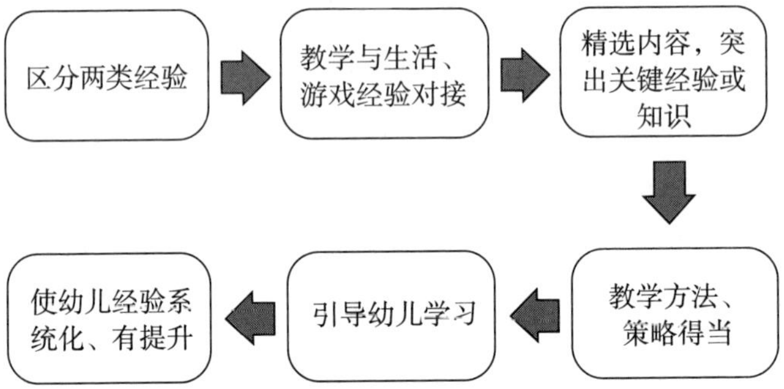

图 2-2　幼儿身体健康教育活动的成功要素

二、幼儿身体健康教育活动设计

进行幼儿身体健康教育活动设计时，需要从活动目标、活动准备、活动内容、活动过程及活动评价几方面进行设计。

（一）活动目标的确定

确定幼儿身体健康教育的活动目标时，需要进行两方面的思考，一是活动目标是对总目标、学年学期目标的落实，故应与幼儿身体健康教育的目标体系相吻合；二是要根据幼儿积累的简单经验对活动进行价值分析，确定具体的活动目标。

如教师发现幼儿对不同的水果兴趣不同，有些幼儿不爱吃水果。从身体健康教育的总目标看，让幼儿爱吃各种食物，具有兴趣和良好的食欲是关键经验之一，故激发幼儿爱吃水果是必需的。另一方面，幼儿已经积累了对水果的各种简单经验，经常在一起讨论这个水果好吃那个不好吃的问题，兴趣、需要和差距都有了，幼儿身体健康教育活动的目标就可以这么确定：了解苹果、西瓜、桃子等水果的外形特征，知道多吃水果身体好；体验与同伴分享水果的快乐；愿意多吃水果。

在确定幼儿身体健康教育活动的目标时，要注意如下问题：第一，目标要全面，从认知、情感态度到行为技能都要兼顾，避免只顾认知之类的片面目标；第二，目标要难度适中，符合本年龄段本班幼儿的实际接受能力和兴趣；第三，目标要具体，既要有发展目标也要有可以衡量评价的行为目标，如“了解苹果、西瓜、桃子等水果的外形特征”就是行为目标，“体验分享水果的快乐、愿意多吃水果”就是发展目标；第四，目标的表述要简洁不啰唆。

（二）做好活动准备

幼儿身体健康教育活动的准备主要包括四个方面：幼儿的准备、教学内容的准备、环境的准备和材料的准备。幼儿的准备就是要了解幼儿的身心发展特点和学习特点，了解幼儿的已有经验和兴趣，有针对性地选择教育内容；教学内容的准备就是要把握教育的价值和目标，清晰活动的重点和难点；环境的准备就是要营造活动的环境，激发幼儿的兴趣，引发幼儿的已有经验；材料的准备就是提供适宜的可操作的材料。

如某教师在开展一次活动前，做了如下准备。首先，选择活动之前先让幼儿做好准备。这个班的幼儿刚入园，他们的分离焦虑比较严重，不习惯集体生活和睡眠，没有安全感。在语言方面喜欢象声词和重复，对家庭充满了兴趣和眷恋。什么样的活动能够降低他们的分离焦虑，让他们习惯集体生活和午睡呢？于是，教师选择了语言活动“睡觉觉”。接着，她认真分析了儿歌《睡觉觉》，根据幼儿的学习特点和已有经验确定了教育目标和教育的重点和难点。而后，营造睡眠气氛进行环境准备，提供图片、垫子和头饰做材料的准备。经过几方面的充分准备，无论从材料、氛围还是从心理和思想，教师都做好了成功开展幼儿身体健康教育活动的准备。

（三）活动的过程设计

幼儿身体健康教育活动过程的设计主要应考虑兴趣激发和合理组织。

1. 兴趣激发

幼儿的学习方式是无意识学习，目的性、意识性比较薄弱，学习的发生往往是兴之所至。因此，渴望活动取得良好的效果，必须注意激发幼儿的活动兴趣。没有兴趣的活动，师幼双方都会感到索然无味、疲惫不堪。激发幼儿兴趣的方法很多：通过营造真实的或虚拟的情境让幼儿在神秘好玩等情境中不知不觉产生兴趣，如营造森林的情境，设置悬疑、困惑、矛盾，富有挑战性的问题，让幼儿的兴趣油然而生；为不同幼儿提供不同的教育内容和材料激发兴趣，如让幼儿跳不同高度的障碍物；让幼儿自己选择活动材料、内容、角色和活动方式，激发其主动性等。

2. 合理组织

在实践中，合理组织其实就是对教学环节的安排，旨在使教学过程按照一定的逻辑和顺序开展。

从理论的角度而言，对教学内容进行组织有两种方式，一种是论理组织法，另一种是心理组织法。所谓论理组织法就是根据知识的内在逻辑联系组织活动内容的方法，该方法的优点是系统性、逻辑性、计划性强，缺点是易忽视幼儿的兴趣和需要。中小学的大部分课程都是按照这样的方式组织教学内容的。所谓心理组织法就是根据学习者的经验、能力和兴趣来组织活动内容的方法。其优点是适合幼儿身心发展规律和个别差异；有较大的灵活性、变通性，可及时增补有价值的内容；有利于教师和幼儿一起计划、安排活动。缺点是教师难以把握幼儿的兴趣尤其是集体幼儿的兴趣。幼儿园的教育活动基本按照心理组织法进行组织。

参考专家型幼儿教师的实践，可以把幼儿身体健康教育活动的教学环节分为导入环节、呈现环节、操作环节和巩固环节。各个环节所用方法见表2-1。

表 2-1　幼儿身体健康教育活动教学环节的设计及方法

环节	方法	说明	举例
导入	开门见山	导入简单明了	今天老师带来了几样好吃的东西，小朋友们认识吗？
	问题导入	以困惑和悬疑导入	小兔子今天可难受了，它的牙齿好痛哦，为什么呢？
	前经验导入	以幼儿的已有经验导入	前几天排练“六一”节目，午觉没睡够，大家的感觉如何啊？
	游戏导入	通过游戏的一些要素，如神秘性、惊异性引发幼儿兴趣	教师在口袋里放入几种水果，请幼儿伸手摸神秘袋（口袋）里的水果并猜出水果的名称。
呈现	画面呈现	通过视频和课件呈现教学内容	下面我们看看小明是怎么走路、睡觉的？
	实物呈现	通过呈现实物让幼儿讨论、认识	提供切开的胡萝卜，让幼儿把它与人的眼睛相比较，发现两者的相似性，理解胡萝卜素能保护视力，让眼睛更明亮的道理。
	动作呈现	用动作和表情呈现	通过教师的睡眠示范让幼儿体会睡眠的温馨感。
	悬疑呈现	通过提出问题呈现	小鸭子为什么一胖一瘦呢？
	情境呈现	再现或营造情境	通过各类运动器械和音乐营造运动环境。
操作	学练同步	让幼儿边学边做	练习走、跑、跳的方法。
	自主探索	提出任务或抛出问题让幼儿自主探索	在体育活动中，教师示范之后让幼儿自己探索、感受。
	先行组织	通过调动先前经验引导幼儿后续学习	夜深了，小兔子睡得好甜好甜啊！

续表

环节	方法	说明	举例
巩固	表演	通过角色扮演激发引导学习	让幼儿扮演小兔子拔萝卜、吃萝卜。
	迁移	让幼儿将所学内容运用到别的情境中	让幼儿从爱吃一种菜到几种类似的菜。
	游戏	通过愉快的游戏活动巩固	通过竞赛说出不同水果的名称；给蔬菜开化装舞会。
结束	自然结束	直接宣布活动结束收拾玩具	今天的活动就到这结束了，我们下次再玩！
	画龙点睛	对活动的关键和亮点进行点评	在喝水排队的游戏中，君君想出了好的办法，玲玲也解决了问题，等等。
	拓展延伸	设置新的问题请幼儿回家或到区域中思考解决	切开的胡萝卜特别像人的眼睛，小朋友回去看看有哪些蔬菜水果像我们身体的哪一部分？

三、幼儿身体健康教育活动的范例和分析

范例

睡觉觉（小班）

活动目标

1. 喜欢并掌握“啪嗒啪嗒啪嗒，××来了，嘟，钻进了被窝。哇，床上真舒服啊！”的句型。

2. 在教师的帮助下，能够运用上述句型进行简单的表演和讲故事。

3. 体验大家一起睡觉的温馨感觉。

活动准备

1. 背景图一张，背景图上有星星、月亮、大树和温馨的家。

2. 活动垫子若干。

3. 小动物图片和头饰若干，有小娃娃、小猪、小羊、小白兔、小花猫等动物的图片和头饰。

活动过程

1. 导入

教师：天黑了，晚上静悄悄的，月亮出来了，好困哦！该干什么了？

教师：猜猜这张大床上有谁要睡觉啊？有什么感觉啊？

引导幼儿讨论。

2. 呈现

讨论之后，教师轻声、安静、清晰地讲故事《睡觉觉》。

教师一边讲故事一边出示动物图片，帮助幼儿理解故事。如一边出示小娃娃，一边讲述：啪嗒啪嗒啪嗒，谁来了？小娃娃钻进哪里了？哇，睡在床上真舒服呀！

教师：还会有谁来呢？我说你们猜。

教师可以用语言或者动作提示动物的特征，引导幼儿感受并说出句型："啪嗒啪嗒啪嗒，（小白兔来了）嘟，（钻进了被窝）。哇，（床上真舒服啊！）"

最后，教师总结：小娃娃、小猪、小羊、小白兔睡在一张大床上，盖着一个大被子，大家睡在一起真舒服啊！

3. 操作

这是一个关于睡觉觉的故事啊！我们一起来说一说都有谁来睡觉觉啦？

教师与幼儿先共同看图说故事，让幼儿进一步感知并熟悉故事。然后，自己说半句，将句型的主语让幼儿补上，并请一些幼儿把动物图片贴到大床上。

4. 巩固

教师：你们想不想自己扮演动物来睡觉觉啊？

幼儿自愿举手，教师每次选择若干幼儿，让幼儿选择自己喜欢的动物图片进行故事表演，一个个睡到垫子上。其他幼儿与教师一起用轻柔的语气讲述睡觉觉的故事，强调“啪嗒啪嗒啪嗒，××来了，嘟，钻进了被窝。哇，床上真舒服啊！”句型。重复几遍后让幼儿想出新的动物编进故事。

5. 结束

教师：小朋友们都很爱动脑筋！把小牛（或小狗、小猪、小猫）也编进了故事里面，它们一定很开心！

教师：你们还想请什么动物来睡觉觉啊？老师把这幅图放在这里，你们有空的时候可以自己去邀请喜欢的小动物，并说说它睡觉觉的故事，好吗？

附：故事《睡觉觉》

晚上，天都黑了，星星出来了，月亮也出来了，舒服的大床上一个人也没有。

啪嗒啪嗒啪嗒，小娃娃来了，嘟，钻进了被窝。哇，床上真舒服啊！

啪嗒啪嗒啪嗒，小猪来了，嘟，钻进了被窝。哇，床上真舒服啊！

啪嗒啪嗒啪嗒，小羊来了，嘟，钻进了被窝。哇，床上真舒服啊！

啪嗒啪嗒啪嗒，小白兔来了，嘟，钻进了被窝。哇，床上真舒服啊！

小娃娃、小猪、小羊、小白兔睡在一张大床上，盖着一个大被子，大家睡在一起真暖和（如果是9月，可以改成舒服）啊！

活动分析

1. 活动目标

全面性：活动目标包括认知、情感和行为三个方面，比较全面完整。

适宜性：故事的选取是根据幼儿的需要和兴趣选择的，也符合幼儿的学习特点和语言特点。为了解决故事较长的问题，教师提炼出了“啪嗒啪嗒啪嗒，××来了，嘟，钻进了被窝。哇，床上真舒服啊！”的句型，故事的难度大大降低。

2. 活动准备

幼儿的准备：教师根据幼儿的特点准备得很充分，对他们的分离焦虑、不习惯集体睡午觉、语言发展特点都进行了观察和分析，将午睡作为关键经验进行集体教学活动具有很高的活动价值。

教学内容的准备：对于睡觉觉的故事，教师进行了深度的分析，才发现了“啪嗒啪嗒啪嗒，××来了，嘟，钻进了被窝。哇，床上真舒服啊！”这样的句型，从而简化了故事，提升了目标的适宜性。

环境和材料的准备：教师用平面图片进行故事讲述，用活动垫子和头饰进行真实的表演，准备充分且适宜。

3. 活动过程

兴趣激发：教师运用情境营造、故事吸引、材料自主选择、问题激趣、表演等多种方式有效地激发了幼儿的兴趣。

合理组织：在导入环节，教师并没有问“图片上有什么啊？还有什么啊？是什么时间啊？”之类的记忆类问题，而是直接用语言、图片和故事营造了晚上及睡觉的氛围，开门见山直接导入，却又调动了幼儿的已有经验，提出了睡觉觉的问题；在呈现环节，教师利用图片和故事讲述，呈现一幅幅画面，结合动物的动作加强故事的生动性和情境性，留出问题让幼儿自己解决，综合运用了画面呈现法、动作呈现法、悬疑呈现法和情境呈现法；在操作环节，主要用了学练同步法，让幼儿跟着教师一边讲述故事一边出示图片；在巩固环节，教师让幼儿自选头饰进行真实的睡觉觉故事表演，运用了表演和游戏法，由于是在真实的垫子上大家一起表演，真实地体会睡觉觉的温馨感受，幼儿更容易将故事表演中的睡觉觉迁移到生活中去，对教师和小朋友的陌生感会有一定的缓解，有助于分离焦虑的克服；在结束环节，教师主要用了画龙点睛法和拓展延伸法，对幼儿在活动中的表现进行了画龙点睛的评价和激励，把图片放到区角，让有兴趣的幼儿去请自己喜欢的动物睡觉，加强了活动的效果。

第三章

心理健康：关键经验与活动指导

国务院颁布的《中国儿童发展纲要（2001—2010 年）》强调，儿童时期是人的生理、心理发展的关键时期，为儿童提供必要的条件，给予儿童必需的保护、照顾和良好的教育，将为儿童一生的发展奠定重要基础。国家要“努力创造条件，让儿童享有可达到的最高标准的健康咨询及不良心理矫正服务”。国务院下发的《关于幼儿教育改革与发展指导意见的通知》指出：要尊重儿童的人格尊严和基本权利，为儿童提供安全、健康、丰富的生活和活动环境，满足儿童多方面发展的需要；尊重儿童身心发展的特点和规律，关注个体差异，使儿童身心健康成长，促进体智德美等全面发展。可见，促进幼儿身心全面和谐发展，成为幼儿教育的终极目标，而心理健康作为“人的发展”的重要基础，越来越受到社会的重视。

第一节　幼儿心理健康教育的关键经验及影响因素

我国先后颁布的《规程》《纲要》和《指南》均提及幼儿心理健康的

目标与发展特点，这就为我们分析幼儿心理健康的关键经验提供了依据：《规程》指出要创设和谐的环境，促进幼儿身心和谐的发展；《纲要》在健康领域的目标中指出在集体生活中情绪安定、愉快；《指南》的健康领域“身心状况”部分有一个子目标描述为情绪安定愉快。上述文件均对不同年龄阶段幼儿的心理健康目标提出了具体要求（详见表3-1）。

表3-1　各年龄阶段幼儿心理健康的目标

3—4岁	4—5岁	5—6岁
1. 情绪比较稳定，很少因一点儿小事哭闹不止 2. 有比较强烈的情绪反应时，能在成人的安抚下逐渐平静下来	1. 经常保持愉快的情绪，不高兴时能较快缓解 2. 有比较强烈情绪反应时，能在成人提醒下逐渐平静下来 3. 愿意把自己的情绪告诉亲近的人，一起分享快乐或求得安慰	1. 经常保持愉快的情绪。知道引起自己某种情绪的原因，并努力缓解 2. 表达情绪的方式比较适度，不乱发脾气 3. 能随着活动的需要转换情绪和注意

结合对《纲要》及《指南》的综合分析，我们将幼儿心理健康的关键经验概括为三个要素，分别是情绪安定愉快、与人友好相处、良好的自我意识。

表3-2　幼儿心理健康关键经验

情绪安定愉快	与人友好相处	良好的自我意识
1. 用语言表达自己的情感 2. 可以调控情绪 3. 能够合理疏泄不良情绪	1. 感知和理解他人情感 2. 与他人轮流分享、互助合作	1. 具有较高的自我价值感 2. 能够恰当的自我评价 3. 具备初步的自我控制能力

一、情绪安定愉快

情绪情感是幼儿心理健康的一个重要内容。幼儿的健康行为取决于他们能否以稳定的、积极恰当的方式认识、分析、解释及交流情绪情感。情绪是一个人对客观事物的内心体验，情绪稳定、心情愉快是情绪健康的重要标志。

安定愉快的情绪状态反映了中枢神经系统功能的协调性，表示人的身心处于良好的平衡状态。幼儿是“情绪的俘虏”，在日常生活中，情绪直接指导幼儿的行为，并影响其心理健康。愉快的情绪往往使他们高兴、快乐，愿意学习，不愉快的情绪则会导致其各种消极行为的产生。心理健康的幼儿情绪反应适度，表现为情绪稳定，积极向上，具有爱心和同情心；以积极情绪为主，经常保持愉快、开朗、满意和自信的心情；积极情感总是多于消极情感，能较长时间保持良好的心境，没有不必要的紧张感和不安感，能找到适当的发泄渠道。如果一个儿童的情绪喜怒无常，经常处于消极状态，遇到什么事都无动于衷，都是心理不健康的表现。情绪安定愉快的具体表现如下。

（一）积极情绪

情绪积极主要包括快乐、满意、兴趣、自豪、感激和爱等。我国心理学家孟昭兰认为，“积极情绪是与某种需要的满足相联系，通常伴随愉悦的主观体验，并能提高人的积极性和活动能力”。

心理学研究表明，如果个体经常处于积极的情绪状态，是愉快、开朗的人，则在人际交往中更受欢迎。相反，如果个体经常受到焦虑、不开心、烦躁等负面情绪困扰，则可能导致人际关系紧张，不能与人友好正常相处，难以适应正常的学习和活动。

首先，积极情绪能够促进幼儿身体、心理健康发展。个体身体的健康发展是心理健康发展的最基本保障条件之一，而良好的情绪状态又能够促进幼儿身体机能的正常运行。相关研究表明，情绪的体验是由皮下中枢的神经兴奋和在植物性神经系统中所产生的生理过程决定的，皮下中枢对大脑两半球皮层也发生积极的影响，它是大脑两半球力量的源泉。情绪体验的过程在人的机体中能引起呼吸器官、消化器官、心脏血管活动的一系列变化，积极的情绪体验能够促进个体的身体健康发展，同时也有利于神经系统的形成和完善。所以，在幼儿成长阶段，关注积极情绪的培养能够为幼儿身心良好发展奠定坚实的基础。如家长或教师要时刻关注幼儿的情绪变化，不失时机地调动幼儿的情绪，着力培养他们积极的情绪状态或者心境。

其次，积极情绪能够促进幼儿认知能力的发展。人在快乐积极的情绪状态下，一方面，身体机能得到健康发展；另一方面，个体更容易获得知识和掌握技能。研究者艾施（Asrby）提出了积极情绪对认知影响的神经心理学理论。她认为，适度的积极情绪状态会使中脑边缘皮层、前扣带皮层的多巴胺水平升高，而这种神经递质会提高思维的灵活性，使个体克服习惯化反应的能力增强。这一理论很好地解释了为什么积极情绪能够有效地促进个体的问题解决、决策制定等。在现实生活中，幼儿因情绪变化而影响求知欲、智力的情况更是时有发生。在幼儿阶段的教育过程中，那些经常得到赞扬，得到积极评价的幼儿在行为上有更好的表现，他们在日常活动中也表达出更多的快乐和自信。由此可见，积极的情绪情感的确是幼儿发展的催化剂，能够促进幼儿的认知能力，促进思维和智力的顺利发展。

最后，积极情绪能够为幼儿良好个性的发展奠定基础。那些在积极情绪状态下的个体在面对压力时，会产生更高的应对能力，即使面对困难，也会比其他人更容易产生积极情绪。可见，一旦幼儿建立了积极的情绪，就会遇事乐观向上、开朗、自信，这样的幼儿更容易形成良好的个性品格，从而为其一生的发展奠定良好的基础。

成人应让幼儿积极、热情地参加各种活动，并经常获得成功的情绪体验。告诉幼儿做到保持情绪愉快、不乱发脾气，引导幼儿学会用语言或非语言（神态、表情、动作等）的方式表达情绪情感，培养愉悦、高兴、满足等积极情绪。

（二）情绪表达适度

冰心老人曾说过，要让幼儿像野花般生长，这就要求在幼儿园和家庭中，我们要用更人性化的眼光看待幼儿，从生态的视角去审视幼儿的情绪，让幼儿的情绪表达渠道更畅通，让幼儿的成长更加舒心畅快。在幼儿的成长过程中，难免会遇到各种形式的心理压力，一些温和的幼儿表面比较乖巧，但感情上受到压抑，就会产生强烈的不安感，对自己的想法保护过当，产生固执、抵触情绪。反之，一些容易亢奋的幼儿则动不动生气，和别人争吵不休，甚至出现推、咬、打等暴力倾向，让大人头痛不已。在受指责时幼儿也是不知所措、充满委屈，所以，要观察幼儿、知道幼儿不良情绪的来源，做到有的放矢进行引导。

对于心理压力或不良情绪不应采取压抑的方式，而应以适当的方式加以宣泄。在生活中，教师要为幼儿提供机会，在遭遇挫折的时候或感到不愉快时尽情地倾吐自己的内心体验，也可以设置冲突的情境让幼儿通过想象表述自己的感受。幼儿在表达情绪情感体验时，成人不应妄加评论，而要通过共情找出不良情绪存在的根源，从而提出有针对性的对策，并且让幼儿自愿地解除不良情绪。人们大多讨厌哭，认为哭是软弱或焦躁的表现。事实上，哭是幼儿宣泄情绪的一个良好通道，幼儿通过哭可以发泄压抑的情绪，把身体内的所有“情绪垃圾”丢出去，人就变得健康起来。因此，对于幼儿的哭泣，不要一味地安抚或限制，让幼儿痛快地哭一阵，他的情绪反倒安稳些。但对于那种无理取闹的哭闹，家长可以制止并且疏导情绪。

随着年龄的增长，幼儿对情绪过程的自我调节能力也在逐渐加强。小班幼儿常被称作情绪“暴发户”，因为他们易冲动，常常处于激动状态，而且来势猛烈，不能自制。这与其生理因素主要是大脑皮质的兴奋容易扩散、皮质对皮下中枢的控制能力发展不足有关。随着幼儿的发育以及语言的发展，情绪的冲动性逐渐减少。我们常说年幼的儿童“又哭又笑，小猫上吊；又哭又笑，俩眼开大炮”，因为他们的情绪具有情境性、易变性、易受感染的特点，非常不稳定，两种对立情绪常常在很短的时间内相互转换，随着情境的变化而迅速变化。并且，小班幼儿的情绪明显外露，丝毫不加掩饰，不会调节情绪。到了中班，幼儿情绪的冲动性逐渐减少，稳定性逐渐增强，逐渐产生了要控制自己情绪的意识，但还不能完全控制自己的情绪。直到大班，幼儿对情绪的自我调节能力才逐渐发展，能够较多地调节自己情感的外部表现。他们在人际交往中掌握了许多情绪技能，并逐渐形成较为成熟的情绪调节策略，随之他们的情绪表现逐渐内隐。

教师应该帮助幼儿提高对外界情境和刺激的认识水平，从而调控情绪，让他们懂得哪些要求是合理的，哪些要求是不能给予满足的。哪些目标是能够达到的，哪些是力不能及的。可以引导幼儿用自我说服法、换位思考法调整对情绪的认识。

二、与人友好相处

幼儿交往能力的形成对其一生的社会适应能力的发展十分重要。幼儿需要成人来教会他们如何适应社会生活和如何与人相处，从而掌握一定的交往技能和方法。幼儿的人际关系虽然比较简单，人际交往的技能也比较欠缺，但心理健康的幼儿，人际关系和谐，有强烈的交往需要，乐于与人交往。能够与同龄人建立良好的伙伴关系，善于与同伴合作与共享，希望通过交往获得他人的理解和尊重；心理不健康的幼儿不愿与人交往，经常把自己孤立起来，对人漠不关心，孤僻、猜疑、嫉妒，与周围环境格格不入。

（一）感知和理解他人情感

“儿童对自我—他人关系认知的发展趋势，是从自我中心发展到去自我中心或观点采择，即儿童从完全不能采择他人的观点发展到逐渐能站在他人的位置，从他人的角度来看世界。”皮亚杰通过“三山”实验表明，前运算阶段的幼儿仍具有较强的自我中心倾向，难以采择他人的视觉观点。但随着年龄的增长和社会交往发展，幼儿得以逐渐认清别人的观点或看法，从而在“概念或概念化了的活动”上区分并协调自我和别人的关系，完成第二次去自我中心化。表现为：从五六岁开始，“社会交往引起一个逐渐结构化或社会化的进程”，自我中心化言语濒于消失，象征性游戏则向着有组织的、有规则的游戏发展。幼儿开始理解物体之间的客观关系，并且在人们之间建立合作关系，在道德方面则逐渐向相互尊重和互惠的方向发展。

成人要尽可能地丰富幼儿的生活经验，帮助他们感受和理解他人的情绪情感，初步学会人际交往技能。同时教师也要鼓励幼儿向他人表露自己的情绪情感，让他人知道自己的想法和愿望。幼儿的交流和讨论也有利于提高其观点采择的能力，从他人的立场考虑问题，这些对于提高他们的社会交往技能很有价值。

（二）轮流分享、互助合作

美国心理学家帕登（Parten）根据幼儿（2—6 岁）在游戏中的社会交往水平，划分出六类行为：无所事事或偶然的行为、旁观的行为、独自游戏、平行游戏、联合游戏、分工合作游戏。平时，我们看到幼儿在一起游戏，只是联合游戏，谈不上真正的合作游戏。在联合游戏中，幼儿相互之间一起游戏，谈论共同的活动，时常会有借还玩具的行为，但幼儿关注的还是自己的兴趣和喜好。3. 5 岁之后，幼儿开始逐渐有了与他人共同游戏的需要，开始了联合游戏的萌芽，在中大班，幼儿才开始有了真正意义上的合作行为发生。

幼儿的合作行为是其与他人亲密关系形成的重要因素，成人要引导幼儿与他人一起活动，着力为幼儿提供一起工作和完成任务的机会，让他们充分感受到通过合作而获得成功的快乐。同时，成人需要教会幼儿一定的交往策略，让幼儿在交往中养成友好、合作、宽容、热情的心理品质，也习得日常生活中基本的社会行为规则，学会自律和尊重他人。

三、良好的自我意识

（一）积极恰当的自我评价

自我评价是对自我的判断，是自我认识的核心，反映自我认识的发展水平。自我评价是随着身心成熟，在社会性发展和社会交往过程中逐渐形成的。幼儿自我评价能力的发展比较晚，一般在 2—3 岁才刚刚萌芽，在 3—6 岁呈现如下特点。

小班幼儿大多顺从成人的评价，将他人的评价作为对自己的评价。如他是因为“妈妈说我是好孩子”，所以认为“我是个好孩子”。另外，小班幼儿的自我评价也具有非常明显的情绪化，往往根据自己的喜好而定。并且，其自我评价一般比较表面，如长得高、坐得直等。小班幼儿的自我评价也比较笼统，如“我是乖孩子、好孩子、漂亮的孩子”等。

中大班的幼儿开始经过思考对自己有一定的独立评价，评价内容也较具体了，如“我是个好孩子，因为我帮助小朋友，听妈妈的话，睡觉很好”等。自我评价也从小班的表面的评价发展到内部品质的评价。并且，开始有了一定的道德判断，能够对好与坏有一定的评价，但仍比较肤浅。

（二）自尊、自爱

自我价值感是幼儿自我意识中最具有积极意义的情感成分，而自尊是个体在社会比较过程中所获得的有关自我价值的评价和体验，是幼儿心理健康的重要指标之一。《纲要》突出强调为每个幼儿提供表现自己长处和获得成功的机会，增强其自尊心和自信心。

有研究表明，3—8 岁的儿童自尊的整体发展呈现非常显著的年龄差异，且这种发展并不是简单地呈现直线上升的趋势。3—4 岁呈上升趋势，4—7 岁呈下降趋势，7—8 岁又呈上升趋势，即自尊的发展是波浪式的。4 岁和 7 岁是自尊发展的关键年龄，4—5 岁、7—8 岁是自尊发展的两个关键期或转折阶段。以往的发展心理学研究结果显示，关于幼儿自我情绪体验发生的转折年龄在 4 岁，幼儿自我评价开始发生转折的年龄在 3.5—4 岁。自尊作为自我情绪体验的一种重要形式，出现的年龄也在 4 岁左右。4 岁是自尊发展水平的最高峰，4—5 岁是自尊发展的第一个转折期。

自我价值感发展的要点就是“我能行”，在日常生活中可以通过着力培养幼儿的自我服务能力，增强幼儿的自信心，体验成功感和自豪感，来确认自我价值。首先，营造良好的家庭心理环境，注重幼儿自我服务情感的培养。这就要求家长对幼儿要有一个恰当的期望值，并且应尽量让幼儿自己解决问题。家长应创造机会让幼儿完成其力所能及的活动，对幼儿的言行提出适度的评价，及时定肯定幼儿的优点、长处，让幼儿享受成功的喜悦。其次，教给幼儿生活及自我服务的技巧。要让幼儿做到自我服务，让其明确自我服务的方法。第三，让幼儿在一日生活中巩固自我服务能力，使良好的习惯得到不断地强化，逐步形成自觉的行为。在幼儿园，还可以进行一些竞争性游戏，激发幼儿的好胜心，在竞争中促进自理。还应多鼓励幼儿由自我服务发展到为集体服务，促使幼儿共同进步。

（三）初步的自我控制能力

自我调控是自我意识的意志成分，是指个体对于自己思想情感和行为的调节和控制，包括自制、自立、自主、自我监督和自我控制。自我调控可分为自我调节和自我控制。自我调节是指没有外界监督和指导下主动发起和维持的行为。自我控制则是为实现目标，主动抑制有碍于目标实现的行为的过程。也就是说，自我调控既有对行为的发起和维持，也有对行为的抑制和控制。自我调控能力比较强的幼儿不是听话的、乖巧的幼儿，而是自主、主动、独立的幼儿。

幼儿自我控制能力是逐步完善的，有研究显示，3—9 岁儿童自我控制能力随年龄增长而呈上升趋势，且这种发展的关键年龄明显地在 3—5 岁，即幼儿阶段。5 岁以后，总的发展趋势不再明显，但各因素的情况有差异。如情绪控制发展的关键年龄在 6—7 岁，自制力发展的关键年龄是在 3—4 岁和 6—7 岁，坚持性发展的关键年龄是在 6—7 岁，独立性发展的关键年龄是在 3—4 岁和 7—8 岁，动机控制发展的关键期是在 3—5 岁，自觉性呈现波浪式发展。也有研究表明，儿童自我控制能力的发展存在明显的性别差异，且所有的差异都表现为女童分数高于男童。分因素来看，在自觉性、自制力、动机控制和坚持性四个因素上发现明显的性别差异。

研究结果均显示，幼儿园中大班时期是幼儿自控能力迅速发展的飞跃时期。

第二节 促进幼儿心理健康的途径和方法

一、幼儿心理健康教育的途径

（一）积极创设安全、温馨、快乐的心理环境

幼儿园的心理环境主要包括幼儿园人际关系和积极向上的文化氛围，二者“润物细无声”地共同作用于幼儿的心理，是心理健康教育的重要途径。

与幼儿关系密切的幼儿园人际关系有四种：教师与幼儿、幼儿之间、教师与家长、教师与教师。

幼儿园中与幼儿关系最密切的是教师，所以在幼儿的各种人际关系中，教师是核心因素，起关键作用。幼儿人际关系的健康与否，取决于教师。应着力建立平等、民主的师幼关系。在日常教学中，教师应平等地对待每个幼儿，潜心了解每个幼儿的个性特征及能力差异，尊重每个幼儿的兴趣和需要，力求做到不伤害幼儿的自尊心。在评价幼儿时尽量采用鼓励的语气，如“知道你行”“相信你会做得很好”等，在这种充满尊重、鼓励的良好氛围影响下，幼儿会变得更加乐观、自信，并能积极主动地参加各种活动。

良好的同伴关系体现在幼儿喜欢与同伴交往，在交往中能感知和理解同伴的情感，具有合作、共享、谦让、同情、助人、宽容等亲社会行为。会用礼貌用语、表情、手势等简单的交往技能进行交往，能自己解决与同伴之间的矛盾。同伴关系给幼儿创设自由的交往机会，可以培养幼儿的亲社会行为，还可以教给幼儿初步的人际交往技能。

教师与家长的关系是真诚的合作关系或主从关系。为了实现幼儿健康发

展的共同目标，教师与家长应形成相互配合的合作关系。另外，教师是专职的教育工作者，一般情况下，家长是愿意接受教师建议的。教师与家长之间的良好关系能促使幼儿热爱教师、热爱幼儿园的生活、热爱同伴，有利于幼儿健康情感的发展。因此，教师与家长除了建立主从关系之外，更重要的是建立良好的合作关系。

（二）专门的心理健康教育活动

专门的心理健康教育活动是指针对幼儿心理健康教育的目标，选择适当、有趣的内容，精心设计有目的、有计划、有组织的教育活动。对于心理健康教育中不易理解的健康常识，不太容易掌握或需要系统训练的健康行为技能，教师就可以通过专门的心理健康教育活动引导、启发幼儿探索、理解并掌握。如帮助幼儿理解消极情绪对心理健康的危害，学习调节消极情绪的方法等内容就可以通过《情绪温度计》《不高兴了，怎么办》等活动有目的、有计划地进行。专门的心理健康教育活动具有很强的目标性和针对性，幼儿通过游戏、参观、观察、模仿、操作等方法，学习相关的知识和技能，培养健康的心理，提高独立生活、社会交往等社会适应能力。

（三）渗透的心理健康教育

专门的心理健康教育活动教给幼儿的健康知识、技能，需要在日常生活、其他领域教育活动、游戏等活动中实践，并养成习惯，才能真正发挥作用。因此，渗透的心理健康教育也是心理健康教育的重要途径。

1. 各领域间的渗透。各领域教育的内容均从不同方面渗透着对幼儿的人格要求和智能训练要求，它们既有德育、智育、美育等因素，也有心理教育因素，是心理健康教育的重要资源。因此，在各领域教学中要特别注重对幼儿进行心理健康教育。如在中班语言活动中，通过讲述《司马光砸缸》的故事，让幼儿明白要取得成功不但需要克服困难，而且还要学会动脑筋想办法。在生活中，当幼儿遇到困难时，便可利用故事中的人物形象来激励他们，教给他们解决困难的办法。

2. 游戏渗透。游戏是幼儿自愿参加的轻松愉快的活动，也是幼儿的基本活动，幼儿在没有任何压力的游戏活动中最容易接受指导和训练。

3. 日常生活渗透。促进幼儿心理健康发展要从日常生活着手，并坚持下去。日常生活中的心理健康教育自然、及时，有利于巩固幼儿的健康行为。幼儿的心理状态往往外显为语言和行为，在日常生活中会最自然地流露，教师要抓住随机教育的机会，适时地对幼儿进行引导和教育。

4. 随机教育。随机教育是根据临时出现的事进行有针对性的教育，它对培养、巩固幼儿良好的个性心理品质起着十分重要的作用。如在绘画活动中，有的幼儿因不会画而哭，有的幼儿把笔一扔不画了。遇到这种情况，教师要抓住机会，进行随机教育，让幼儿明白“哭是没有用的”，并让大家讨论“应该怎么办”，引导幼儿克服困难，完成作品，建立起自信。

（四）家园共育，促进幼儿心理健康

张春兴指出，心理健康问题根源于家庭，形成于社会，表现于学校。家庭是幼儿接触的第一个生态环境，也是幼儿生活时间最长的心灵家园，幼儿园作为幼儿发展的另一重要环境，与家庭进行合作，是幼儿心理健康发展的必要条件。做好家园共育，一方面，家长和教师都需要掌握一些必要的心理健康教育知识，形成良好的家园关系，能积极地交往和协商，教育方向一致；另一方面，幼儿园要通过家长会等途径向家长宣传心理健康的重要性，使之积极配合幼儿园的心理健康教育活动，巩固幼儿园心理健康教育的成果。唯有如此，才能保证幼儿心理健康教育的延续性和有效性。

二、促进幼儿心理健康的方法

（一）培养幼儿稳定情绪的方法

《纲要》指出，教师的态度和管理方式应有助于形成安全、温馨的心理环境。一个温馨和谐、充满爱的心理环境，有助于幼儿形成轻松愉快的情绪、

积极主动的态度及活泼开朗的性格。

1. 教师要保持良好的心态，以积极的情绪感染幼儿

如果教师自己闷闷不乐、郁郁寡欢，幼儿的情绪就愉悦不起来。教师要注意自身的情绪调节，在日常生活中应保持良好的情绪，以积极健康的心态、充满热情的言语和鼓励期待的目光，来面对繁杂的一日保教活动，这对幼儿良好情绪的发展将起到潜移默化的作用。

2. 教师要耐心细致地观察，了解幼儿的内心需要

幼儿具有获得安全、关爱、尊重、自我实现的心理需求，只有当这些需求得到满足时，幼儿才会形成良好的心理感受，产生积极的情绪体验。所以，教师要以关怀、理解、接纳、尊重、支持、平等交流、共同分享的态度与幼儿交往，使幼儿产生一种被关爱、被接纳的心理感受。另外，也要做好幼儿消极情绪的疏导工作。

3. 教师要着力培养幼儿积极的心态

由于幼儿年龄小，判断是非的能力差，他们还处在以成人的评价标准作为评价自己标准的阶段，对待事物的看法易出现偏差。在日常生活中，要引导幼儿积极乐观地看待自己和他人，善于发现自己的优势，做自己做得好的事情，并用积极的方式评价他人，看待他人所做的事情。

（二）促进幼儿社会交往的方法

1. 培养幼儿的合作意识

要知道，幼儿之间的交往最先开始于与同伴的共同游戏和活动。尽管幼儿交往技能的提高需要成人的指导，但是幼儿与同龄人的交往，对幼儿掌握社会交往的本领具有至关重要的意义。教师要积极创造温馨和谐的社会活动环境，并充分提供幼儿与同伴自由交往的机会，不仅重视在课堂上培养幼儿的合作精神，还注意在日常生活、游戏活动中渗透合作学习的思想。有意识地安排情境游戏，让幼儿在特定的环境中去体验合作与协商获得成功的喜悦。在交往中学会通过协商解决冲突，懂得要完成小组的共同目标，必须相互依赖、相互讨论、相互帮助、相互鼓励，共同努力。

2. 加强幼儿的移情训练

要让幼儿学会与人和谐相处、与人合作，很重要的一点是要让幼儿学会观察、体验、理解别人的情绪情感，这就是移情。移情要求幼儿去观察对方的情绪情感，继而产生共鸣，从而激发和促进幼儿良好社会行为的发展，并能抑制攻击性行为。教师要为幼儿创设特定的移情训练环境，多动脑筋、多想办法，使与人和谐相处成为幼儿一种内在的自觉需要，从而从被动接受成人要求到主动去感觉别人的情绪，并由情感的转化带来积极的行动变化。

3. 强化幼儿良好的交往技能

教师不能够静等幼儿的正确社会交往行为发生，应该通过暗示、提示、活动等，主动地去刺激幼儿做出相应的反应，并使这些反应逐步扩展，抑制不良行为的萌发。

当幼儿表现出良好的交往技能和合作行为时，教师应适时地给予正强化，如抚摸、拥抱、奖励等形式，对幼儿进行关注和表扬，使幼儿的良好行为得到保持。同时，教师还可以引导幼儿学会关注同伴出现的良好行为，并教会幼儿进行恰当的自我表扬。

（三）培养幼儿良好自我意识的方法

自我意识包括自我感觉、自我评价、自尊心、自信心、自制能力和独立性等，它对人的心理活动和行为起着调节作用，是人的行为的强烈动机。它的形成和发展是心理科学和教育科学中最为重要和复杂的问题之一，与心理健康之间的关系十分密切。

1. 成人要正确评价幼儿

最初，幼儿的自我评价会完全依赖于成人对他的评价，成人对幼儿评价的正确性会直接影响幼儿自我评价的正确性。成人的言行，成人对幼儿流露的情感和表达的态度，都具有评价意义，都会对幼儿自我意识的形成和发展产生影响。教师和家长必须注意要十分谨慎而客观地评价幼儿，既不能在外人面前轻率揭露幼儿的短处或当场辱骂甚至体罚幼儿，也不能对幼儿的表扬或奖励不合乎事实，盲目夸大或缩小，这样，使幼儿在取得成功或做了好事后感到愉快但不骄傲。

2. 鼓励幼儿多与同龄人交往

幼儿在与同伴的交往中交流知识和情感、相互评价、相互比较，这有利于幼儿良好的自我意识的形成和发展。教师和家长应给幼儿创造尽可能多的与同龄人交往的机会，让他们在与别人的交往中认识自己、评价自己。

3. 创设幼儿体验成功的机会

幼儿自身的经验也是其自我认识和获得能力的重要一环，教师和家长要多给幼儿提供获取成功的机会，让他们在实践中体验成功的喜悦。经常获得成功的幼儿自信、勤奋、主动、乐观、有责任感，这些特征又保证了他们继续获得成功。

第三节　幼儿心理健康教育活动的设计与指导

一、幼儿心理健康教育活动的设计

专门的心理健康教育活动设计的基本思路是：围绕关键经验确定活动目标、做好活动准备、根据活动目标选择活动内容、根据幼儿的特点和教育规律设计实施过程、围绕关键经验进行针对性评价。

（一）确定活动目标

确定心理健康教育活动的活动目标，实际上就是挑选所要训练的幼儿的某一心理素质或心理特征。因为个体的心理特征有许多，在一次教育活动中，不可能对所有的心理特征都加以培养，面面俱到反而无所适从，必须有针对性地、有选择地加以培养。以小班心理健康教育活动“我好害怕”为例，该心理健康教育活动的活动目标是：知道害怕的感觉人人都会有，愿意大胆说出自己内心的恐惧；能够想办法消除害怕的心理，尝试战胜害怕。

（二）选择活动内容

围绕活动目标，针对活动对象的心理特点和知识水平来设置活动内容。如解决问题能力训练——我该怎么办；合作意识的培养——小动物抬水比赛；自信心的提高——说说我的优点；应付挫折——如果我失败了……

（三）做好活动准备

活动准备包括教师对活动的内容、方法、途径进行选择，以及对环境的创设和做好物质资源准备，儿童对知识和能力方面的准备等。如小班心理健康教育活动“我好害怕”的活动准备包括：图画书《我好害怕》、事先让幼儿和家长讨论并记录自己最害怕的事或物、打针情境等。

（四）精心设计活动过程

活动过程的不同部分有不同的作用。“导入部分”在于吸引幼儿的注意力，调动幼儿的兴趣和情绪；“基本部分”中，教师要考虑活动环节的先后顺序，要考虑何时且如何提问，以启发幼儿思考。要考虑手段和方法的选择运用，以激发幼儿在活动中的主动性。

教师的活动设计是有目的、有计划、有步骤的活动，只是教学过程的大致预演，在实际教育教学中，还会不断出现新的情形、新的问题和新的教育机会，这就要求教师在教育活动中不仅要注意既定目标的达成，还要注意教育活动的生成，敏锐发现新的、有价值的教育契机。

小班心理健康教育活动“我好害怕”的“导入部分”，教师运用的是激趣导入，也就是运用情境营造、故事吸引、材料自主选择、问题激趣、表演等多种方式有效地激发幼儿的兴趣。活动过程如下。

1. 出示图画书，大胆猜测小熊害怕的原因。

——你们看，谁来了？（小熊）

——小熊脸上是什么表情？（不高兴、生气、害怕）

——猜猜小熊可能遇见了谁？可能会发生什么事情呢？（大灰狼、怪兽、大老虎，要吃它……）

2. 继续看图画书，揭示谜底。

——到底遇见了谁？我们来看看。

——原来是一只大狼狗，还在汪汪汪地叫呢！小熊真害怕！你会害怕吗？

3. 继续看图画书，引出害怕的声音。

——咦，这是什么时候？（晚上、天黑）

——听！这是什么声音？（刮风）

——你听到这个声音有什么感觉？（很冷、很害怕）

教师小结： 是啊，遇到恶狠狠的狗时，小熊会害怕，我们也会害怕。天黑了，小熊一个人在家，心里也很害怕。

小班心理健康教育活动“我好害怕”的“基本部分”，在教师引导下呈现本次活动的主要内容“害怕”的心理体验，并通过与幼儿的讨论分析得出应对“害怕”的措施。活动过程如下。

一、经验迁移，说出自己的害怕

1. 根据记录图，讨论自己的“害怕”。

——除了害怕大狼狗，你还害怕什么呢？你有害怕的时候吗？（有）

——昨天宝宝们和爸爸妈妈一起，已经把自己害怕的事情画了下来，我们一起来看看。请你轻轻地从小椅子下面取出图片，和身边的朋友说一说。(教师倾听)

2. 个别幼儿说出自己的害怕心理。

——你害怕的是什么？(大灰狼)

——为什么会害怕？(因为大灰狼会咬我们)

——害怕的时候你心里是什么感觉？(不舒服)

3. 经验归类梳理。

——还有谁也害怕这种厉害的动物？(我怕老虎、我怕的是蛇)

总结： 原来你们都害怕蛇、虎、大灰狼这类厉害的动物。(教师边说边出示展板)

——你害怕的是什么？(火)

——为什么？(因为它会把人烧死)

总结： 原来还有一些小朋友害怕火、水、电、刀等东西。(教师边说边揭示第二部分展板)

——你害怕的是什么？(打雷)

——为什么？(很响，很吓人)

——还有谁也害怕这种很响的声音？(我害怕气球爆炸、风声)

总结： 原来那些很响、很恐怖的声音也会让我们害怕。(出示展板第三部分)

——我们来看看他的害怕是什么？(打针)

——为什么？(打针很疼)

——也有很多小朋友因为怕疼，害怕打针。(揭示展板第四部分)

小结： 原来每个人都会害怕，害怕是种冷冷的、紧紧的、不舒服的感觉。害怕的时候我们会哭、会躲起来。你喜欢这种感觉吗？（不喜欢）

二、讨论交流，克服害怕心理

1. 结合展板，讨论解决的办法。

——怎么样才能让我们不害怕呢？

——遇到这些凶猛的动物时，我们可以怎么做？（逃跑、躲起来、找妈妈……）

总结： 有了这些好办法，我们就不怕这些凶猛的动物了。（将害怕表情翻面成笑脸）

——水、电、火、刀这些东西，我们在生活中都会用到，但是一不小心就会受伤，那该怎么做？（小心使用、不玩电和火、请爸爸妈妈帮忙）

总结： 你们真会动脑筋，这样这些东西我们也不怕了。（翻转笑脸）

——听到可怕的声音怎么办？（捂耳朵、放音乐、让妈妈抱）

总结： 原来我们也可以想办法分散注意力，战胜这些可怕的声音。（翻转笑脸）

2. 情境表演，积极面对害怕。将这部分作为重点，前面都可以短一点儿，让幼儿从害怕打针到不害怕打针，有一个明显的心理变化过程。

——打针你们怕吗？

——打针可以治疗疾病；打预防针可以让我们身体变得棒棒的，能不能因为害怕就不打针呢？怎么做才能让自己不害怕？（有的不怕，真勇敢；怕，打针的时候不看，躲在妈妈怀里……）可以让幼儿都来说一说，或者教师找一个不怕的幼儿来说一说他打针的时候为什么不害怕，是怎么做的？

——我们一起来学学打预防针的样子：袖子卷一卷、手臂弯一弯、脑袋歪一歪，告诉自己我不怕！我不怕！我不怕！（你们真勇敢！翻转表情）让幼儿大声地说出来：打针我不怕！

小结： 原来有些害怕的事情，我们可以躲起来或者做其他事情，但有的害怕，像打针我们必须勇敢战胜它。但有的害怕，只要我们勇敢面对，也就不害怕了，就像打针一样。

而在该心理健康教育活动的“结束部分”，教师将活动内容重新回归图画书中的故事，将从故事中学得的经验在生活中进行应用。活动过程如下。

1. 重读图画书，了解小熊克服害怕的方法。

——你们都想到了好办法克服了害怕，变成了勇敢的孩子。小熊有没有变勇敢呢？我们一起来看看。（播放多媒体）

——它想到了什么办法？（抱小熊玩具、躲在奶奶肩膀上、自己看书）

——现在小熊脸上是什么表情？（开心）

——是啊！因为它知道害怕的时候该怎么做了。

2. 生活应用，克服害怕。

——今天来了这么多不认识的客人老师，刚才进来的时候，很多孩子都不敢大声跟客人老师打招呼，有点害怕吧？那现在，你还害怕吗？为什么？那让我们大声地去跟客人老师打打招呼，去抱抱她们，好吗？老师心里也有些害怕。你们愿意和我一起去和客人老师打招呼、抱抱客人老师吗？

(五) 选用适宜的教学方法

幼儿心理健康教育主要是通过师幼共同活动来进行的，因此我们把这些共同活动的方式看成幼儿心理健康教育活动的教学方法。幼儿心理健康教育活动的组织方法主要有情境演示、讲解说理、游戏法、讨论评议等几种。

1. 讲解说理法

讲解说理是指教师以心理健康教育目标为切入点，具体而形象地向幼儿讲解保持心理健康的方法和途径。因为幼儿最信服的对象是教师，对教师的言谈举止观察最细、感受最强，而且不加选择地信服教师的言行。所以，教师应该注意自己的一言一行，用良好的言行去感染幼儿。教师的言语、态度、思维、习惯都容易转化为幼儿的行动，所以要求幼儿做到的，教师首先要做好。如在“合作性训练”中，在演示了“一根筷子易折断，一把筷子折不断”之后，教师用讲解法使幼儿明白合作的重要性。讲解说理法还包括讲故事，利用儿童喜欢听故事的心理，讲述一些与心理健康有关的故事，如创造力培养，可以讲述《司马光砸缸》的故事。

2. 情境表演法

情境表演法是指教师或幼儿就特定的生活情境、故事情节等加以表演，通过行为模仿或行为替代来影响个体心理过程的方法。由于情境表演的主题来源于幼儿的现实生活，能激发他们的兴趣，所以这种方法能较好地帮助他们认识生活中可能遇到的心理健康问题和冲突，了解应该做出的合乎要求的行为。

3. 游戏法

在幼儿园进行的心理健康教育活动中，游戏法是最主要的方法之一。因为游戏是幼儿最喜爱的活动，对他们来说，通过游戏进行学习比通过说教更容易接受。而且游戏能够满足幼儿各种层次的需要，促进幼儿想象力和创造力的发展，有利于幼儿增强自尊心和自信心，获得成就感。在游戏中，幼儿不是在做无意义的事，而是在进行真正的学习。游戏为幼儿提供了表达情绪的理想途径，幼儿可以摆脱外界环境的压力，避开现实生活的不愉快情境，在自由活动中消除内在的不良情绪，体验成功的快乐。不同的游戏可起到不同的心理健康教育作用。如竞赛性游戏可以培养幼儿的竞争意识和合作精神；非竞赛性游戏可以减轻紧张或焦虑，获得轻松愉快的情绪体验。

4. 示范法

在幼儿心理健康教育中，为幼儿树立榜样，让幼儿借助模仿，从无意到有意，从自发到自觉，学习示范榜样的行为和习惯，是心理健康教育的一种行之有效的方法。榜样可以是同龄幼儿的良好行为，或者是故事、电影或电视中正面人物的典型言行。

值得注意的是，在幼儿健康心理和行为的形成过程中，具有决定性影响作用的榜样是父母和教师的行为。幼儿依靠有关事物的具体形象和表象进行思维，他们的模仿能力强。幼儿掌握行为准则是从模仿他人以及感知他人对自己行为的评价开始的，他们对于直接感知到的行为易于理解和掌握，因此，榜样能将抽象的知识具体化和形象化，使幼儿易于接受并见诸行动。身教重于言教，父母和教师的一言一行是幼儿模仿的榜样，这就要求家长和教师以身作则，为幼儿树立模仿学习的典范。家长和教师在选择榜样时，要注意榜样的典型性、权威性和情感性，使榜样对幼儿的行为起启动、控制、矫正作用。

5. 讨论评议法

讨论评议法是指教师通过组织语言讨论活动，让幼儿积极参与到心理健康教育的过程中，为他们提出问题、发表意见、自己得出结论提供机会。讨论评议法能有效地帮助幼儿表达自己的真实想法，鼓励他们对他人的言行加以评价，从而提高其判别是非的能力。

讨论评议法通常选择幼儿感兴趣的心理健康话题展开讨论，该方法常用于解决问题能力训练的教育活动中。运用此方法时，教师注意严禁批评，应该给予幼儿自由畅想的时间和机会，鼓励他们想得越多越好，也可以对别人的想法加以改进和组合。

二、幼儿心理健康教育活动的范例和分析

范例

好朋友，陪我走（中班）

活动目标

1. 初步学会与自己不同性格和爱好的小朋友交朋友，知道好朋友在生活中的重要角色。

2. 与其他小朋友之间发生小矛盾时，能够自己初步使用一些简单的方法，如与彼此进行沟通等处理小矛盾。

3. 喜欢与自己性格爱好不同的小朋友做朋友，并且愿意与自己的好朋友分享快乐，深入体验与好朋友相处的快乐。

活动准备

故事《小胖熊吹气球》；挖好两个洞的报纸若干张；小兔子、小猫、小猪、小猴子的头饰若干个；音乐《找朋友》。

活动过程

1. 导入部分。

教师讲述《小胖熊吹气球》的故事，并提问：故事中有哪些小动物，其他小动物和小胖熊发生矛盾时，小胖熊是怎样做的呢？（该部分旨在引发幼儿的兴趣以及思考，不用回答）

2. 基本部分。

（1）引导幼儿谈谈自己有哪些好朋友，为什么喜欢和他们做好朋友。

教师：我们在小故事中发现小胖熊有很多的好朋友，那小朋友们先想想，然后告诉老师你们有哪些好朋友。

幼儿：×××是我的好朋友。

教师：你为什么喜欢跟他做好朋友呢？

幼儿：他和我一样喜欢……他懂得很多……他很喜欢帮助别人……他喜欢给我吃好吃的……

(2) 引导幼儿思考要想和别人做好朋友，自己应该怎么做。

教师：小朋友们知道小胖熊为什么有那么多好朋友吗？

幼儿：小胖熊喜欢帮助别人、小胖熊可以帮助不乖的小猪、小胖熊很善良……

教师：小朋友们要想有很多很多好朋友的话，应该怎么做？

幼儿：要帮助有困难的好朋友；有不乖的、和自己不一样的小朋友，也应该和他做朋友……

(3) 引导幼儿思考应该怎样和自己性格爱好不同的小朋友交朋友。

教师：有的小朋友发现了，就算有不乖的，有和自己不一样的小朋友有困难时我们也应该帮助他们，和他们做朋友。那我们应该怎样和他们做朋友呢？

幼儿：有困难时帮助他们、有好吃的分给他们、跟他们一起玩……

教师：嗯，小朋友们都很善良，都愿意也知道怎样和自己不一样的小朋友做朋友。

(4) 引导幼儿思考，当和其他小朋友发生矛盾时应该怎么做？

教师：那要是有一天，你和其他小朋友闹矛盾了，如其他小朋友太喜欢的玩具不给你玩，抢你的小板凳，或者不给你看你喜欢的图书，你会是怎样的心情？

幼儿：生气、不开心、不想和他玩了……

教师：有的小朋友说，不和他一起玩了，可是老师觉得呀，这样做的话没有解决问题。我们一起来想想，该怎么做呢？

幼儿：要告诉那些小朋友，我们都不喜欢这样的宝宝……

教师小结：在我们的生活中，有很多跟我们不一样的人，但是，只要我们喜欢和他们做朋友，愿意在他们有困难时帮助他们，我们和他们也可以成为好朋友。但我们要知道，和好朋友发生矛盾时，要懂得相互谦让，互相帮助，这样，我们就可以有越来越多的好朋友！

3. 结束部分：讲述游戏规则，幼儿寻找新朋友组队，进行游戏活动。

（1）讲述连体人游戏规则。发给幼儿头饰，有的一样，有的不一样。幼儿必须选择和自己头饰不一样的小朋友为一队，组好队后，开始进行连体游戏。

（2）教师总结游戏的意义，通过该游戏，让幼儿懂得和不同类型的人进行合作，体验游戏的快乐以及成功的喜悦。

教师小结：今天我们小朋友玩游戏都很棒，都能够和自己的新搭档一起完成游戏，都能够像小胖熊一样，和自己不一样的伙伴做好朋友了。那这个周末，小朋友就邀请自己的新朋友到自己的家里去做客，小朋友肯定都是热情好客的小主人。

附：连体人游戏规则。

两人一组，将挖好两个洞的报纸分别套在两个人的脖子上，将两人连在一起。两人一组沿指定路线走跑。如果报纸中途破碎，则停止游戏，以报纸不破碎者胜。

附：故事《小胖熊吹气球》

小胖熊拿来五个气球，分给大家。小胖熊说："这是顶顶好玩的气球。"

火红色的气球给小狗，小狗不会吹气球，小胖熊帮他吹。哇！红色的气球像团火。

黄色的气球给小猫，小猫不会吹气球，小胖熊帮他吹。哇！黄色的气球像鸭梨。

绿色的气球给小兔，小兔不会吹气球，小胖熊帮他吹。哇！绿色的气球像个大苹果。

紫色的气球给小猪，小猪偏要自己吹气球，吹呀，吹呀，“啪！”吹爆了。紫色气球变成碎片片，小猪抹起了眼泪。

小胖熊拿出第五个气球。吹呀，吹呀，吹大了，气球像蓝天一样美丽。

小胖熊把蓝色气球送给小猪，小猪笑了。袋鼠阿姨走过来，把一束吹好的气球送给小胖熊，夸他是个好孩子。

活动分析

1. 幼儿能够基本学会与自己不同性格和爱好的小朋友交朋友，能够与自己性格爱好不同的小朋友合作完成任务。

2. 幼儿愿意与其他小朋友一起体验和分享成功的快乐。

3. 在活动过程中，教师以层层递进提问的引导方式，让幼儿逐步理解与自己性格爱好不同的小朋友交朋友的意义。

第四章

适应能力：关键经验与活动指导

托尔斯泰曾经说过，世界上有两种人，一种是观望者，一种是行动者。大多数人都想改变这个世界，但没有想改变自己。有时候，我们改变不了我们周围的环境，可是我们却可以改变自己，改变自己看待周围环境的心态以及目光。到了那个时候，你会发现其实身边每一样事物看上去都是那么美好，那么环境不就是已经改变了吗？适应能力对每个阶段的人群都有重要的影响，是个体接触自然环境和社会环境不可缺少的能力，同样也是幼儿阶段需要学习和发展的最基本的能力。

第一节　幼儿适应能力的关键经验及影响因素

一、幼儿适应能力解读

“适应”一词最早源于生物学，用来表示能增加有机体生存机会的那些身体上和行为上的改变。随着“适应”一词被广泛地引用，心理学中也出现对适应的界定。皮亚杰从认知发展的角度，认为适应的本质是通过同化与顺应取得机体与环境的平衡。儿童心理的发展既不是起源于先天成熟，也不是起源于后天的经验，而是起源于主体的动作，主体通过动作实现对客体的适应。由此，适应在心理学中用来表示主体对环境变化做出的反应，如对光等物理刺激变化的适应、人的社会行为的变化适应等。

适应描述的是一种状态，适应能力正是个体应对这种状态产生的一种能力，即个体根据外界环境的变化而进行不断调整以达到与环境保持和谐发展的能力。一般谈及适应能力，更多指向个体的社会适应能力，是人们为了在社会中更好地生存而进行的心理上、生理上以及行为上的各种适应性的改变，是与社会达到和谐状态的一种适应能力，包括社交能力、处事能力、人际协调能力等。然而在幼儿阶段，基于幼儿身心发展特点的特殊性，人们对幼儿适应能力的关注，不能仅仅停留在社会适应能力层面，还应包括幼儿个体对外界自然刺激所产生的身体反应，这恰恰在《指南》中也有所体现。《指南》根据幼儿的年龄特点，从幼儿对天气冷热及其变化的适应、对日常交通工具的适应、对新环境和集体生活的适应等方面提出了幼儿适应能力发展的具体目标。鉴于此，我们对幼儿适应能力的发展从两个层面进行解读：一方面是幼儿的自然适应能力，另一方面是幼儿的社会适应能力。

适应能力是幼儿逐步探索外界自然事物的基础能力。随着幼儿的不断成长，他们对外界事物的探索欲望逐渐增强，总是喜欢不停地看看这儿、摸摸那儿，感受外界丰富的自然环境给予他们体验与影响。良好的适应能力能为幼儿的探索、体验、冒险保驾护航。一方面，良好的适应能力能促进幼儿的探索，帮助幼儿对外界的陌生世界、环境建立一定的秩序感，能够接纳外界的变化，这恰恰为幼儿的探索提供足够的心理支持空间；另一方面，良好的适应能力又为幼儿独自探索世界奠定了基础。随着幼儿自我意识的增强，他们更倾向和喜欢自己去探索未知的环境。教育者应尽量为幼儿提供独立探索的空间和机会，为幼儿的自主性、主体性发展提供支持，因为幼儿良好的适应能力能帮助幼儿独立去探索环境，为幼儿独立面对陌生的环境、独立处理问题、解决问题提供基础。

适应能力是幼儿应对外界社会的基础能力。从自然人转化为社会人是人类个体必经的过程，幼儿只有习得所在社会群体的价值观和行为方式，才能成为社会中合格的一员，幼儿良好的适应能力是其习得社会群体价值观和行为方式的重要支持条件。对幼儿来说，对外界社会的适应能力本身体现为幼儿社会性的发展，良好的适应力必然加速幼儿社会化的发展，在这个过程中幼儿会习得适应群体能力、与人交往能力、适应社会规则的能力等，从而来应对社会发展的需求。

适应能力为幼儿的未来生活奠定基础。随着社会的变迁与发展，幼儿生活的环境发生了很大变化：幼儿居住在高档林立的楼房里，与人交往的空间与机会却少了；幼儿接触过多高科技产品，与外界事物的交往方式却发生了变化，电子娃娃逐渐增多；幼儿接触生活中愈加便捷的产品，自身的探索机会与体验机会却少了。社会和未来生活环境的变化需要成人秉持正确的教育观念为幼儿的成长提供优质的资源，但不可否认的是幼儿自身亟须适应能力的提升来应对外在环境的变化。同时，未来社会是一个高度合作、竞争的社会且变化迅速，需要人们能对外界社会的变化做出快速的调整。就目前幼儿的生活状态以及未来社会生活的需求，学前期对幼儿的适应能力的重视和培养应被提上日程，这关乎幼儿在未来生活、社会中能否健康成长。

二、幼儿适应能力的发展目标

幼儿适应能力的关键经验是对幼儿适应能力的描述，是幼儿适应能力发展必不可少的要素，它在幼儿的适应能力经验系统或经验结构中起支点和支撑作用，有利于经验的建构、迁移以及对适应的深层理解。《纲要》《指南》提及的幼儿适应能力的目标与发展特点，为我们分析幼儿适应能力的关键经验提供了依据。《纲要》提出培养幼儿参加体育活动的兴趣和习惯，增强体质，提高对环境的适应能力。《指南》则从幼儿学习的视角，针对幼儿年龄阶段的特点提出了更为详细的适应能力目标体系与具体要求（见表4-1）。

表4-1　幼儿适应能力年龄阶段发展目标

3—4岁	4—5岁	5—6岁
1. 能在较热或较冷的户外环境中活动 2. 换新环境时情绪能较快稳定，睡眠、饮食基本正常 3. 在帮助下能较快适应集体生活	1. 能在较热或较冷的户外环境中连续活动半小时左右 2. 换新环境时较少出现身体不适 3. 能较快适应人际环境中发生的变化。如换了新老师能较快适应	1. 能在较热或较冷的户外环境中连续活动半小时以上 2. 天气变化时较少感冒，能适应车、船等交通工具造成的轻微颠簸 3. 能较快融入新的人际关系环境。如换了新的幼儿园或班级能较快适应

同时，《指南》在“建议”部分提及如下内容。

1. 保证幼儿的户外活动时间，提高幼儿适应季节变化的能力。幼儿每天的户外活动时间一般不少于两小时，其中体育活动时间不少于一小时，季节交替时要坚持；气温过热或过冷的季节或地区应因地制宜，选择温度适当的时间段开展户外活动，也可根据气温的变化和幼儿的个体差异，适当减少活动的时间。

2. 经常与幼儿玩拉手转圈、秋千、转椅等游戏活动，让幼儿适应轻微的摆动、颠簸、旋转，促进其平衡机能的发展。

3. 锻炼幼儿适应生活环境变化的能力。如注意观察幼儿在新环境中的饮食、睡眠、游戏等方面的情况，采取相应的措施帮助他们尽快适应新环境；经常带幼儿接触不同的人际环境，如参加亲戚朋友聚会，多和不熟悉的小朋友玩，使幼儿较快适应新的人际关系。

由于幼儿身心发展的特殊性，关注幼儿的适应能力不仅仅要关注其对外界自然的适应能力，还需明确他们对外界社会的适应能力。由此，我们从适应自然能力、社会能力两个层面对幼儿适应能力关键经验进行分析。在对照《规程》《纲要》《指南》与综合分析的基础上，我们将幼儿对外界自然适应能力的关键经验分为适应气温的冷暖、适应饮食和睡眠、适应时间观念、适应周围环境的突变等经验；幼儿对社会适应能力关键经验包括适应群体、适应交往、适应规范等经验。

三、幼儿适应能力的关键经验及影响因素

（一）幼儿适应自然能力的关键经验

陈鹤琴先生在20世纪20年代就提出，大自然、大社会都是活教材。他认为，幼儿是在周围的环境中学习的，应该以大自然、大社会为中心组织课程。自然环境包括动物、植物和各种自然现象，如春天的桃花、杏花、柳絮，夏天的雷鸣闪电、蜻蜓、荷花等。由此可见，在自然界中有着多种可探寻、学习的资源，需要我们根据幼儿适应外界自然的关键经验，来设计活动促进幼儿适应能力的提升。而对外界自然的适应能力恰恰能够帮助幼儿对外界事物的探索达到事半功倍的效果。根据《纲要》《指南》等政策文本，结合幼儿的实际生活经验，确定幼儿适应自然能力的关键经验包括以下内容。

1. 适应气温的冷暖

丰富的自然资源是外界赐给幼儿最佳的体验礼物，尤其是与幼儿日常生活密不可分的气温。由于幼儿的体温调节功能尚未完全成熟，娇嫩的身体耐热、耐寒、抗病能力相对较弱，所以在季节转换之际，气温温差较大，幼儿容易患上感冒等疾病。因此幼儿对气温冷暖的适应是其机体应具备的一项能力，也是幼儿适应能力中的基础能力，应该引起人们的注意。那么，学前阶段幼儿适应气温的关键经验如何呢？3—4岁幼儿有春捂秋冻的户外活动经验，可以进行科学的“秋冻”，不要过早、过度添衣保暖。要使他们有暴露于冷环境的机会，这样在逐渐变冷的环境中经过一定时间的锻炼，能促进身体的物质代谢而增加产热量，从而有效提高机体对气候变化的适应性；4—5岁不仅要有较长时间的户外活动经验，还可根据实际情况适当让幼儿锻炼冷水洗手洗脸，由于这是一个逐渐降温的过程，幼儿一般都能适应，并且效果显著，如能再坚持每天用冷水擦拭身体则更好。冷水浴能提高机体对寒冷刺

激的适应能力，当人体一接触冷水刺激时，皮肤血管急剧收缩，使大量血液流向人体深部组织和器官。继而，皮肤血管又扩张，大量血液又流向体表，对人体血管是一个很好的锻炼，长此以往，可以预防心血管疾病的发生；5—6 岁的幼儿对气温冷暖表现出较高的敏感性，身体适应气温能力强，不会经常因为气温的变化而出现身体病变。

2. 适应饮食和睡眠

饮食和睡眠构成了幼儿一日生活的重要部分，是幼儿适应周围生活和外界自然环境的重要成分。3—4 岁的幼儿应该具有饮食、睡眠的良好习惯和行为。幼儿要想具备一定的饮食和睡眠的适应经验，前提条件是幼儿在生活中能初步养成良好的饮食和睡眠习惯。因此该阶段应该关注幼儿基本的进餐技能，包括让幼儿具备进餐时安静、愉快，不挑食、不剩饭，细嚼慢咽、独立进餐等经验。幼儿应按时入睡、按时起床、形成规律作息、养成良好睡姿等经验；4—5 岁，幼儿能对环境变化后的饮食和睡眠有一定适应性，或者能够主动表达在新环境适应中的需求。幼儿在熟悉的环境中形成了良好的饮食和睡眠习惯，会帮助他们在新环境中逐渐适应。如幼儿进入新环境，能够基本适应该地区的饮食，在进餐中仍有良好的习惯。能够按时入睡、按时起床。同时，幼儿还应具备表达对新环境中饮食和睡眠不适的经验，拥有初步的沟通能力；5—6 岁的幼儿逐步形成对环境变化后的饮食和睡眠适应。到了该阶段，幼儿的睡眠和饮食的内在图式不断巩固，能够初步建立对环境变化的反应机制，形成较好的适应经验。

3. 适应时间及其变化

时间指的是有起点和终点的一段时间或指它的某一个点。幼儿的时间观念是指幼儿对时间的感知觉以及对时间持有正确的理解，其目的在于帮助幼儿知道时间会流逝和一去不复返，懂得守时、惜时，并养成自觉遵守时间、合理安排时间以及做事不拖拉的良好习惯。学前期幼儿对时间观念的适应是一项不小的挑战，但这对幼儿的发展又是极为重要的。3—4 岁的幼儿随着与外界环境接触的机会日益增多，生活内容逐渐丰富，经验也不断增多，他们开始有了初步的时间概念。在该阶段，幼儿并不具备通过抽象的形式理解时间的能力，也不具备时间的抽象经验。因此，我们需要通过合理设置幼儿一日生活作息时间流程，让幼儿在生活中体验每个时间阶段的变化，具备初步时间变化与生活中固定事件关系的经验；4—5 岁的幼儿随着对时间认知逐渐发展，应该具备一定的时间观念，包括早晚、今天、明天，白天、黑夜，上午、下午等概念，且具备对时间变化的经验。如知道“晚上”就是妈妈下班的时候。天亮了，能够看到外面事物的时候就是白天，而天黑了，必须靠灯光才能看东西，人们大部分已进入梦乡时就是黑夜；5—6 岁的幼儿应该具备时间与日常生活相对应的经验，而且能够感受时间长短，对时间长短具备一定的经验。如知道吃饭时间长，去洗手间时间短等。

4. 适应周围环境的突变

婴儿出生时就已经历环境的突变，他们在出生过程中从母亲温暖的腹中环境转为干燥而寒冷的外界自然环境，但他们的体温一直处于稳定状态。这种对外界环境突变的适应已经为幼儿日后对环境的适应奠定了基础，甚至得到了某种延续。在幼儿的生活中，经常会出现环境突然变化的情况，如突然下雨了、突然停电了、路上突然颠簸、突然声响，等等。而这突如其来的环境变化对幼儿是一种考验，也是幼儿对生活环境适应的体现。在《指南》中也提到幼儿要能适应车、船等交通工具造成的轻微颠簸。幼儿对外界环境突变的适应是在生活中、体验中不断形成的，教师和家长应该有意识地在日常生活中发现外界环境的变化，并能快速做出反应，引导幼儿对此做出判断和采取一定的策略。

（二）幼儿适应社会能力的关键经验

社会适应能力是指人类为了更好地在社会上生存，进行心理的、生理的以及行为上的各种适应性改变，达到与社会和谐状态的一种能力。幼儿的社会适应能力是在幼儿出生后由自然人转化为社会人的过程中逐渐习得的，学前期是个体社会适应能力发展的关键期，幼儿的社会适应能力不仅影响到幼儿与小学的衔接，还会对幼儿的终身发展产生很大的影响。当今的幼儿不能较好地适应周围的生活环境，独立性较差，人际交往能力弱，规则意识不强，这正是幼儿社会适应能力不良的表现。由此，学前阶段应将幼儿社会适应能力的培养作为一个重点，这将有利于幼儿全面健康地成长，也为幼儿今后的健康发展奠定基础。

幼儿的社会适应是在与社会环境的相互作用中、不断地学习与磨合各种行为，最终达到与社会环境相互平衡的状态，这个过程也是幼儿逐渐接受所在群体的生活方式、社会规范的过程。幼儿社会适应能力的发展至关重要，而对其关键经验的把握则在很大程度上影响着幼儿社会适应能力的发展，由此，幼儿的社会适应能力关键经验的梳理与总结应被提上日程。根据幼儿社会适应能力要素与国家的相关政策文本，我们将幼儿的社会适应能力关键经验分为幼儿对群体的适应经验、对人际交往的适应经验、对社会规范的适应经验。

1. 适应群体的经验

群体是同种生物个体组成的整体，是指人们彼此之间为了一个共同目的，以一定的方式结合到一起，彼此之间存在相互作用，心理上存在共同感并具有情感联系的两人以上的人群。人类的生活环境是由不同群体有机组合起来的，幼儿作为群体中的一员，要具备适应群体的经验。

（1）3—4 岁阶段幼儿适应群体的经验

《指南》明确提出，幼儿应该对群体活动有兴趣；对幼儿园的生活好奇，喜欢上幼儿园。具体应具备如下经验：首先，随着幼儿对幼儿园群体生活的熟悉，入园离园的哭泣逐渐减少。幼儿入园哭闹是幼儿不适应幼儿园的主要表现之一，大部分幼儿在入园适应的过程中都会出现不同程度的哭闹现象。入园哭闹是指在晨间入园环节时，幼儿因不愿与家长分离而产生的哭闹行为；幼儿离园哭泣一种是指幼儿在离园过程中家长来接时看到家长而产生的哭泣行为，另一种则是指家长来得较晚，幼儿看到其他家长来后由于焦虑而产生的哭泣行为。其次，幼儿在园的一日生活中情绪较为稳定，尤其是随着对幼儿园逐渐熟悉，在园中寻找妈妈、整日依赖教师的现象逐渐减少，幼儿在游戏或玩玩具过程中情绪愉悦。

（2）4—5 岁阶段幼儿适应群体的经验

《指南》提出，幼儿愿意主动参与群体生活，愿意和家长一起参加社区的群体活动。具体来说，该阶段应该具备主动表达、请愿参加群体活动，尤其是能够参与到幼儿园内部不同班级、家庭亲戚、社区中的聚会和活动。该阶段的幼儿随着生活圈子的扩大，人际交往意识与能力的提升，参与群体的主动性得到提升，同时对自身周围的陌生环境与群体愈加感兴趣，具有一定的接触陌生环境的经验。

（3）5—6 岁阶段幼儿适应群体的经验

《指南》提出，幼儿在群体中积极、快乐，对小学生活充满好奇和向往。该阶段的幼儿应该具备参观小学的经验，能够讲讲小学有趣的活动，对小学生活好奇和向往，具有前期的储备经验。此外，在群体中，幼儿能够主动积极承担一定的任务，能够根据群体内部的共同目标努力完成任务。

2. 适应交往的经验

交往是指人们运用言语或非言语符号相互交流信息、沟通情感的过程。幼儿的交往是指幼儿与成人、同伴在生活中学会表达自己的愿望、了解别人交往的需求。交往是促进幼儿社会化的重要途径，了解交往的关键经验，引导幼儿学会交往、提高交往技能具有重要意义。《指南》对不同年龄阶段幼儿交往能力概括得非常精练和准确。3—4 岁阶段的幼儿愿意和小朋友一起游戏，愿意和熟悉的长辈一起活动。在加入同伴游戏时，能够友好地提出请求；在成人的指导下，不争抢、不独霸玩具，在与同伴发生冲突时，能够听从成人的劝解。4—5 岁阶段的幼儿喜欢和小朋友一起游戏，有经常一起玩的小伙伴，喜欢和长辈交谈，有事情愿意告诉家长；运用介绍自己、交换玩具等简单技巧加入同伴游戏，能够与大家轮流和分享喜欢的东西；不欺负弱小，在与同伴发生冲突时，能够在他人的帮助下和平解决；活动的时候愿意接受同伴的意见和建议。5—6 岁阶段的幼儿有自己的好朋友，也喜欢结交新朋友；有问题愿意向别人请教，也高兴与大家分享有趣的事情。想办法吸引同伴和自己一起游戏；在活动中能与同伴分工合作，遇到困难能一起克服；与同伴发生冲突时能自己协商解决；能倾听和接受别人的意见。

3. 适应社会规范的经验

规范是在社会群体或社会组织的人际交往中集体期待行为准则的概括化。规范是以公共评价标准衡量群体成员的行为与群体期望的符合程度，规范表明了在群体或者组织中，期望的行为是什么，或者成员的行为应该怎样。社会规范在本质上是一种关系范畴，是调节行为主体间关系、规范行为主体参与社会生活的行为准则。在社会化的进程中，幼儿的社会规范意识的培养非常关键，它对幼儿参与群体生活，规范自身的行为以及探索社会交往原则与行为至关重要，是幼儿融入群体生活的重要保障。3—4 岁的幼儿能够在提醒下，遵守游戏和公共场所的规则；知道不经允许不拿别人的东西，借别人的东西要归还；在成人的提醒下，爱护玩具和其他物品。4—5 岁的幼儿能够感受规则的意义，能基本遵守规则；不私自拿不属于自己的东西；知道接受了任务要努力完成；在提醒下，能节约粮食和水电。5—6 岁的幼儿能理解规则的意义，能与同伴协商制定游戏和活动规则；爱惜物品，用别人的东西知道爱护；做错了事情敢于承认，不说谎；能认真负责地完成自己所接受的任务；爱护身边的环境，注意节约资源。

以上结合幼儿的身心特点与学习特征，并根据《纲要》《指南》等文本内容从幼儿适应自然能力的关键经验及其发展与幼儿适应社会能力的关键经验及其发展两个层面来分析，旨在对幼儿的适应能力关键经验进行剖析，使人们能够对幼儿适应能力的关键经验内容（横向）与适应能力关键经验的年龄特点（纵向）准确把握与理解，提升幼儿适应能力发展活动设计的有效性，促进幼儿适应能力发展。

第二节　促进幼儿适应能力发展的途径和方法

一、促进适应气温冷暖的途径与方法

（一）充分利用感官，感受气温的冷热变化

感受气温的冷热现象是适应气温变化的第一步。人的皮肤对气温的高低、

冷热变化具备先天的感受能力，如天热的时候皮肤会比较热同时可能会伴随出汗，天冷的时候皮肤稍凉可能会打哆嗦等。让幼儿感受气温冷暖变化的具体做法有：在炎热的夏天带幼儿在户外活动时，可以在阳光下活动10分钟然后转到阴凉的地方，让幼儿感受气温的冷暖变化，同时可以让幼儿比较、讲述在空调房和户外的感觉。在寒冷的冬天，让幼儿比较暖气房、普通房及户外的气温情况，感受气温不同，人的身体的感觉不同。

（二）加强生活自理能力训练，以合理的方式应对气温差异

在感知气温冷暖变化的基础上，幼儿应该具备相应的自理能力，方可应对变化的气温。如根据气温选择并及时添减衣服，能够通过运动及其他物理方法调整自身的状况以适应气温的变化。具体做法有：根据自己的冷热感受及时添减衣服；户外活动时能够做到太阳底下及阴凉处交替；天热时能够有意识地控制自己的运动时间和强度，并根据自身感受及时停下休息并补充水分；天冷时可以有意识地加大运动量，多喝热水，知道可以借助取暖设备保持身体的舒适程度。

（三）加强体质锻炼，增强身体抵抗力

俗话说“千般呵护，不如教孩子自我保护”。身体抵抗力是保障幼儿适应气温变化的物质条件，有了较强的抵抗力，幼儿才不会轻易因为气温突然的冷暖变化而发烧、感冒、中暑等。在日本，严寒的冬天里，家长或学校会让孩子光着上身、穿着短裤，在操场上跑步。在很多幼儿园，孩子在玩沙玩水之后依旧会穿着脏湿的衣服鞋子。日本的孩子冬天基本上不穿毛衣，出门套个外套就行，但是日本人很注意脚部和脖子保暖，据说是为了保证头部血液循环畅通。当然，我们不要求所有的中国教师及家长也那样对待孩子，但是我们仍然可以做出许多努力，如坚持一年四季用冷水洗脸，在身体可承受的范围下坚持冷水洗澡；不论气温冷热、刮风抑或下雨，坚持安排体育锻炼；保障体育活动的多样性，如室内室外活动相结合、正规教学活动与幼儿自由自选活动结合、集体活动与体育区角活动和幼儿个体活动结合。避免为打造幼儿园特色而单一追求篮球、足球、跆拳道等体

育活动内容，在活动内容上尽量涵盖走、跑、跳、爬、投掷、悬垂、平衡等内容，以全方位锻炼幼儿身体的平衡性、协调性及灵敏性。

二、促进适应饮食和睡眠的途径与方法

这部分内容包括四个方面：创造良好的饮食与睡眠环境、使用适宜的饮食与睡眠指导语、培养良好的饮食与睡眠行为习惯、加强家园合作。

前三点在第二章及第六章已分别有具体阐述，这里仅就第四点“加强家园合作”做简要分析。

家长是幼儿良好行为习惯养成的第一任教师，家长的榜样行为在潜移默化中影响着幼儿，在饮食与睡眠方面尤其如此，因此幼儿园要注意发挥家长的作用，加强与家长的沟通与合作。首先，教师要积极与家长沟通，将幼儿园对幼儿的教育计划清楚地表达给家长，请家长积极配合，对幼儿进行教育。其次，教师要积极地以最佳的沟通方式与家长进行合作，及时向家长汇报幼儿的饮食与睡眠情况，让家长能够有针对性地纠正幼儿的不良行为。第三，教师还需针对个别幼儿的行为习惯给予家长直接性的指导，以便更有效地帮助家长改善幼儿的不良习惯。

三、促进适应时间变化的途径与方法

（一）内在时间进程是适应时间的根基

蒙台梭利博士认为，幼儿是有着内在的精确时间表的人，这是幼儿时间观念的内在尺度和内在体验。“内部时间表”不但引导幼儿创造自己，而且还给幼儿心灵赋予了主观性、真实的时间体验。在现实生活中，幼儿喜欢随兴所至，一切活动的延续和转移都没有固定的、规律性的外在时间表可以遵循，完全遵照自身内在的体验。那么有人会质疑，幼儿内在的时间观念和体验会造成幼儿没有外在的时间观念与时间意识，会表现出浪费时间、误读时

间的倾向。然而，这不意味着幼儿内在的、主观的，甚至客观的时间体验不重要，这恰恰是幼儿对时间认识、感受的重要切入点，为幼儿真正的体验时间、体验生活提供条件。所以，成人的教育时间安排要根据幼儿内在的时间进程和体验为重要参照，外在的时间规划与安排要充分考虑幼儿内在的时间体验，同时将二者进行合理的协调。

（二）选取适合幼儿心理特征的外在时间进程方式

培养幼儿良好的时间观念，包括认识时间、建立时间概念和自觉执行时间规定等外在的策略方式是建立在幼儿内在的时间进程基础之上的，为了更有效地符合幼儿内在时间的感悟，激起幼儿对时间的观念、时间的变化的适应与理解，需要建立符合幼儿身心特征的方式。

1. 与日常生活结合，体验时间的变化

发展幼儿的“时间感”要与日常生活的具体事件联系起来，使之可以感知到具体内容。如把入园、做操、区域活动、盥洗、教育活动、游戏、户外活动、谈话、餐点、散步、午睡、离园等时间较固定的环节，用幼儿习惯与接受的方式表现出来，比如图画、照片等，并与钟表时间相对应，按照相应的顺序排列，放置在班级中，充分发挥环境的作用，让幼儿在环境中潜移默化地获得影响。

2. 与故事情节相联系的时间感受

故事是幼儿探索世界的一种重要方式。童话故事充满想象和幻想的色彩，活泼、可爱、有趣的角色形象，优美的语言，以及生动的画面情节符合幼儿具体形象思维的需要。因此，在故事情境设置时，可以充分地将时间以及时间变化渗透在故事情境中，让幼儿在听、说、讲故事时感受时间及其变化。

3. 适当引入竞争性游戏

年龄大一些的幼儿具备一定的竞争意识，他们喜欢各种比赛且在比赛中积极投入。可以根据幼儿的这一特点，为幼儿提供一些适宜的竞赛，尤其要在生活中呈现，如起床后的叠被子比赛、游戏结束后收拾玩具的比赛，让幼儿在行动中感受时间及其变化，也可以培养幼儿良好的时间观念与习惯。

四、促进适应周围环境突变的途径与方法

（一）成人应引导幼儿多接触新环境

社会的发展与变迁导致人们生活的方式也在发生变化。由于家长工作忙碌，生活节奏加快，幼儿接触家庭与幼儿园之外环境的机会愈来愈少，随之导致幼儿对外在环境的变化与适应愈加不敏感。幼儿期恰是幼儿各种能力发展的敏感期，幼儿是主动的环境构建者、生活探索家，丰富多样的环境对幼儿的发展至关重要。成人应该创造充分的条件让幼儿接触外在环境、观察外在环境、感受外在环境。

（二）生活中让幼儿感受并适应环境的变化

幼儿天生就是探索家，对外界事物持有极大的兴趣与关注。在家里，家长可以在一定时间内为幼儿布置与改变环境。如在幼儿的桌上摆放颜色多样的鲜花；为幼儿的小书架多添加几本图画书；改变幼儿的床单颜色与图案；更换幼儿房间的挂饰等。这些外在环境的变化能够培养幼儿的观察能力，尤其是区别事物差异的能力，这恰恰是幼儿感受环境变化的基础能力。在幼儿园，教师也可以为幼儿创设多样、变化的环境，培养幼儿的观察能力以及对环境变化的适应能力。如在某幼儿园的主题活动“海洋”中，教师放学后为班级墙面环境中的小鱼画上了两滴眼泪，幼儿第二天就你一言我一语地讨论起来。这些细节以及做法能为幼儿适应外界环境的突然变化提供很大的前期支持。

五、促进适应群体经验的途径与方法

（一）做好入园适应，减轻入园焦虑

进入幼儿园是幼儿从家庭走向社会的第一步，也是幼儿开始走向集体生

活的第一步。做好入园适应，是幼儿成功适应集体生活的第一步，否则容易造成幼儿面对新环境的焦虑，面对陌生人时的孤独和无助。为提高入园适应的效果，建议可以做如下努力：与年龄大的、已经进入幼儿园的幼儿做朋友，请他们介绍幼儿园的趣事，让幼儿对幼儿园生活有期待；带幼儿一起准备入园所需的物品，增强其主人翁意识；提前熟悉幼儿园环境（通常情况下，幼儿园丰富的玩具和材料是吸引幼儿的重要内容）；1—2 周的亲子周，家长和幼儿一起参与教师组织的一日（半日）活动，让幼儿了解幼儿园一日活动安排及要求的同时，将幼儿园的教育理念、课程内容以及教师的教育和引导方式传达给家长。

（二）建立同伴成长共同体，发挥同伴的榜样示范力量

班杜拉的“社会学习理论”强调观察学习和榜样示范的力量。幼儿的同伴群体有着共同或相似的生活经验，对事物的认识和理解的方式也大致相同，因此，不论是学习、活动还是常规，成人的说教往往不如幼儿同伴群体的榜样示范效果来得更好。为幼儿搭建学习成长的共同体显得尤为重要：以班级、小区或父母的朋友群体为单位，几个家庭联合起来，共同为幼儿的成长搭建平台。共同定期组织出游、聚餐，在此过程中体会在群体中，每个人的角色和身份是不同的，个体为人处世的方式也会有所不同，进而习得恰当的文明礼仪、待人接物的方式，谦让、担当等群体生活所需的品质和能力。

（三）利用同伴冲突的契机，提高幼儿解决问题的能力

在幼儿阶段，由于幼儿共情、共享等的意识和能力还比较弱，往往会出现因争抢玩具或排位而产生的推搡、攻击等行为，有时甚至会出现幼儿之间打抱不平的现象。如果引导得当，将有助于幼儿反思自身行为的问题，学会从他人的角度去思考问题，寻找恰当的解决问题的方式方法（如合作、交换、轮流等待），否则，将可能导致幼儿的退缩、逃避等不良行为的出现。具体可以用自然后果法，如因抢夺他人物品而获胜的幼儿可能会不受同伴欢迎，为此他就要学会去商量，拿自己的物品去交换或用其他方式去获得。一

个老是会欺负他人的幼儿可能在被别人欺负一次之后突然顿悟，被他欺负的幼儿是多么伤心难过，进而改变自身的为人处世方式。当教师或同伴的某些要求或规则被小朋友违背的时候，幼儿就要去协商该规则的合理性并尝试提出大家都认可的新规则。

（四）肯定幼儿在群体中的角色和作用，增强群体生活的自信

人是群居动物，每个人在一个群体中都有自身的角色和作用，这些角色的分配有时是权威人士（教师、家长）给定的，有时是在群体活动中自发形成的。角色有时候是领导者与被领导者、决策者与执行者的关系，有时候是平等互助的合作关系，无论角色是什么，每个人在群体中的角色都是有价值的。如在童话剧表演中，往往主角就那么几个，其他群众演员，有些甚至是一句台词都没有的大树、道具，还有的只是参与了道具准备而没有参加表演。但每一个个体都为群体的成功付出了劳动，做出了贡献，都要予以肯定；在建构游戏中，没有“勤杂工”的搬搬拿拿，“建筑师”的工作往往没有那么顺利；在有竞赛性质的体育游戏中（如接力赛、钻山洞、赛龙舟）更是如此，一个人的能力再强，如果没有团队的合作，往往事倍功半。成人要善于发现幼儿在群体中的角色和作用，让幼儿充分感受到自身在群体中的分量，这是帮助幼儿适应群体生活的关键。

六、促进适应交往经验的途径与方法

（一）创造良好的同伴交往环境

同伴交往是幼儿积累交往经验、养成良好交往能力的关键。在培养幼儿同伴交往能力的过程中，成人要注意为幼儿提供适宜交往的物质环境与心理环境。物质环境主要指活动室空间的安排、活动材料的提供等方面，其对幼儿的社会交往活动发挥着积极或消极作用。如整洁有序的物质环境会在一定程度上安定幼儿的情绪，增强其行为的有序性，杂乱无章的物质环境则可能

使幼儿浮躁不安，易发生冲突；心理环境是指教师通过自身与幼儿的交往行为、态度及其对幼儿的引导所营造的心理氛围，主要通过影响幼儿的情绪情感、态度倾向等反应特征而对其交往能力发挥作用。在充满关爱、鼓励的心理环境下，幼儿会表现出更多的亲社会行为。

（二）积累必要的同伴交往知识与技能

在幼儿交往能力发展方面，教师的作用主要在于当幼儿试图与同伴建立友好关系时，帮助他们增加成功的机会。而教师如果希望自己对幼儿同伴交往能力培养有更多影响，就需具备三种能力：首先，教师必须了解幼儿与同伴成功交往所需的技能，如发起交往、维持交往、解决冲突等。其次，教师需要掌握有关幼儿同伴交往能力的知识，以便了解在不同情况下该为幼儿提供什么样的同伴交往支持。再次，教师还应在实践中总结经验，形成一套行之有效的支持策略，如在某种情况下，一个幼儿需要提供多少帮助就能达到他的交往目标；如何能够让幼儿之间彼此关注，而不需要教师提示等。

（三）正视幼儿的同伴交往冲突

同伴冲突是幼儿园中的常见现象，作为教师，必须明白同伴冲突是幼儿之间不可避免的一种重要的交往形式。虽然冲突会给同伴关系带来一定的负面影响，但是同伴冲突也是对个体交往能力发展的挑战。幼儿在解决冲突的过程中，会逐渐获得观点采择能力，学会沟通、协调与互助，增长社会经验和规则意识，提高交往能力。因此，教师在对待幼儿同伴冲突的时候，应本着引导与教育的原则，让幼儿在“实战”中逐渐习得合理解决冲突的策略，而不只是看重冲突的结果。此外，教师还应注意帮助幼儿建立同伴支持网络，引导部分交往能力强的幼儿为同伴提供支持和帮助，这对在同伴中受到排斥的幼儿尤为有益。

七、适应社会规范经验的途径与方法

（一）利用环境引导幼儿适应社会规范

在幼儿园，幼儿是具有内在吸收心智的个体，环境有着非常重要的作用。社会规范除了通过正规教育进行影响之外，环境的作用不可小视。如将区角活动中幼儿进区的规则以图文并茂的方式呈现，引导幼儿在行动中、操作中感受社会规范。幼儿的盥洗室中幼儿洗手与如厕的规范图，同样形象、生动、直观地为幼儿展现了社会规范的流程与操作。

（二）充分利用教师重要他人的角色，建设良好的互动机制

幼儿教师作为幼儿生活中的重要他人，同时也是幼儿崇拜的对象，教师的一举一动都能够影响到幼儿在以后生活中的处事态度。班杜拉的“社会学习理论”提出榜样具有替代强化作用，榜样示范在幼儿社会规范的形成与发展中具有极其重要的作用。因此，无论是教师还是家长，在对幼儿进行品德教育时举止应符合社会规范，多给予幼儿正面的、积极的榜样教育，不要提供不良的行为示范。所以，在幼儿园，教师要注意自己的言行举止，尤其是教师与教师之间的关系与互动，要关注这种隐形因素对幼儿的社会规范的影响，并且要积极建立良好的师幼关系、师师关系为幼儿社会规范习得提供支持。

（三）在日常生活中捕捉使幼儿适应社会规范的契机

幼儿的生活中充满着各种教育契机，社会规范渗透在幼儿园的日常生活中。教师要善于利用入园、用餐、如厕、离园、等待等环节及时针对幼儿出现的情况进行影响。如入园和离园时对保安叔叔的礼貌用语、进餐时对规范要求的遵守、集体活动中的规则要求等。此外，教师还要善于捕捉生活中的突发事件，如幼儿之间的争吵与解决、由于哄抢玩具导致玩具撒了一地、进餐中突然少了一套餐具时的争抢或谦让……这些点滴的生活细节恰恰是幼儿最自然、最

生态的社会规范习得契机，教师要善于发现、善于等待、善于调节。

（四）幼儿参与社会规范的制定与表达

优秀的教师不是管家，是一个平等的执行者，这意味着在社会规范层面教师要积极调动幼儿的参与意识，凸显幼儿的主体角色。如可以结合问题引导幼儿参与规范的制定。规范制定与监督绝不是教师独揽霸权，而是教师与幼儿在你来我往之间形成的规约。教师要善于引导幼儿对规范进行交流和探讨，从幼儿自身的视角来理解和诠释规范，同时为幼儿提供各种支持性条件来建立规范，鼓励幼儿在生活中解决问题生成规范，并能用自己的方式表达规范。

第三节　促进幼儿适应能力发展活动的设计与指导

一、促进幼儿适应能力发展活动的设计

优化的幼儿适应能力活动的设计是顺利开展幼儿适应能力教育活动的前提基础。促进幼儿适应能力发展活动的设计是根据幼儿的学习特点，结合适应能力的关键经验，并以此为中心议题展开的系列设计与安排。

（一）设计的原则

促进幼儿适应能力发展活动的设计原则，是根据幼儿的身心发展特点、学习方式，围绕幼儿的适应能力关键经验设计活动时所形成的要求、准则与标准。设计原则是对幼儿适应能力关键经验活动设计的一般性、普遍性的要求，对原则的把握有助于活动设计的有效开展。

1．日常性原则

日常性原则是指促进幼儿适应能力发展的活动应该贯穿在幼儿的每日活

动中，教师要善于捕捉日常生活中所蕴藏的幼儿适应能力发展的机会，合理利用，落实到位。如教师可以根据早、中、晚气温的变化让幼儿在生活中感受气温的变化，教师也可以根据一日生活中不同活动形式的安排让幼儿感受活动时间长短的变化。此外，可利用活动中突然飞进教室的蝴蝶、午睡时突然的倾盆大雨等情境让幼儿感受环境的突然变化；在晨间洗手环节可以开展讲卫生、排队意识、节约用水等社会规范的培养与影响。

2. 发展性原则

发展性原则是指在教育活动设计中必须准确把握幼儿已有的适应能力基础，并以此为依据着眼于幼儿适应自然能力、适应社会能力的发展。发展性包括两层含义：一方面是指教育活动的设计应该以促进幼儿的适应能力发展为出发点，应该适宜幼儿的发展水平，考虑到幼儿的现有经验。由此，在设计幼儿适应能力发展的活动中，活动目标与内容要以幼儿身心发展的成熟程度以及现有的适应能力水平为基础，既不能绝对超前，也不能任意滞后；另一方面是指教育活动的设计应该以促进幼儿适应能力的发展为落足点，应当始终贯彻"以发展作为教育活动的中心"的理念。幼儿适应能力的活动设计要时刻关注幼儿的适应能力关键经验，其目的在于把握幼儿适应能力发展的内在序列，使幼儿的适应能力有序、科学地发展。任何活动设计都不能背离"发展"这个主旨，否则活动设计与实施只会成为幼儿"漫无目的"的过场，仅仅引起幼儿的兴奋与激动，而没有使幼儿获得有益的经验。

3. 主体性原则

主体性是指主体在与客体的相互作用中所得到的自觉能动性和创造性，幼儿主体性的提高在某种程度上影响着活动质量的提升。主体性一旦遭到忽略，就会造成幼儿在活动中的消极对待与被动接受。由此，在幼儿适应能力发展的活动设计中，教师必须坚持遵循和体现以儿童作为活动主体的原则，在活动内容的选择以及活动形式的安排方面注重激发幼儿的能动性、自主性、创造性，通过为幼儿创设有效的支持性策略引发幼儿与环境主动作用获得适应能力发展。此外，在与幼儿的互动交流过程中，教师应该转变以往高高在上的权威者和控制者，而成为幼儿学习活动的支持者、参与者与合作者，充分激发幼儿的自主学习意识，促进幼儿适应能力的发展。

4. 循序渐进原则

循序渐进原则是指促进幼儿适应能力发展活动的目标、内容、方法的安排顺序要由易到难、由简单到复杂，逐步深化。贯彻循序渐进原则，需要教师明确幼儿适应能力发展的关键经验，并根据幼儿的关键经验确定内容与方法，由易到难，逐步提高幼儿的适应能力。活动内容安排要关注内容之间的相互关联性与连贯性。如表 4-2 所示，幼儿人际交往适应能力活动设计可根据幼儿人际交往能力的年龄特征进行循序渐进的安排。

表 4-2 幼儿人际交往能力发展年龄发展指标

一级指标	二级指标	三级指标		
		小班（3—4 岁）	中班（4—5 岁）	大班（5—6 岁）
人际交往	喜欢交往	喜欢和小朋友交往；喜欢与熟悉的长辈交往	有较为固定的小伙伴；有事愿意告诉长辈和小朋友	喜欢结交朋友；愿意向别人请教；愿意与大家分享
	能与同伴友好相处	在交往中能友好地提出请求；在成人的指导下，不争抢、不独霸玩具；与同伴发生冲突时，能听从成人的劝解	掌握加入同伴交往的简单技巧；能轮流、分享；能在他人的帮助下和平解决冲突；愿意接受同伴的意见和建议；不欺负弱小	能想办法吸引同伴和自己一起游戏；能与同伴分工合作；协商解决冲突；能倾听和接受别人的意见；不欺负别人，能保护自己
	自尊、自信、自主的表现	根据自己的兴趣选择活动；为自己的进步感到高兴；自己能做的事情自己做	按自己的想法进行活动；知道自己的优点和长处；不喜欢依赖别人；敢于尝试一定难度的任务	能主动发起活动；有一定的上进心；不会的事情愿意学；主动承担任务；遇到困难能够坚持；敢于坚持自己的意见

5. 开放性原则

开放性原则是指在设计促进幼儿适应能力发展的活动时，既要对活动目标、内容及幼儿的学习需要进行积极的预设，同时还应遵守充分调动幼儿的兴趣与探索的原则，根据活动实施的情境能够灵活调整，充分关注幼儿偶发的、自然生成的活动。促进幼儿适应能力的活动应当是一个开放的活动过程，而不仅仅是一个封闭、预设、一成不变的活动。

（二）设计的路径

活动设计的具体思路分为两个层面：一方面是促进幼儿适应能力发展的具体活动方案的设计，另一方面是促进幼儿适应能力发展的主题活动方案。

1. 具体活动方案设计

具体活动方案包括活动名称、活动目标、活动准备、活动内容、活动过程等要素，诸多要素之间的有机衔接是活动实施的重要保障。

（1）活动名称

确定活动名称时要注意两个问题：一是活动名称要体现出领域特征，即要充分表现出幼儿适应能力方面的内容；二是活动名称要形象、童趣，符合幼儿的心理特征，不能将其进行抽象的表述。

（2）活动目标

活动目标的设计应遵循以下原则：目标要符合幼儿已有的适应能力经验与年龄特点；目标要定位在幼儿适应能力发展的最近发展区内；目标应该包括认知、情感态度和能力三个方面；目标的表述应该具体明确具有可操作性；目标应该具有一定的弹性，注重活动目标的生成性。

（3）活动准备

活动目标确定后，教师需要根据活动目标的要求以及幼儿的适应能力发展特点创设相应的学习环境，提供操作材料为幼儿的适应能力发展提供保障。

（4）活动内容

活动内容的选择要围绕活动目标，尤其是关注活动中的适应能力关键经验。要考虑关注经验的连续性，根据幼儿已有的经验，选择有针对性能产生新经验的内容；内容要尽量贴近幼儿的生活或者幼儿感兴趣的范畴。

（5）活动过程

导入部分。通常这个环节可以采用不同的方法：利用物质材料吸引幼儿注意，利用儿歌、故事、歌曲等文学艺术作品抓住幼儿的兴趣点，利用情境扮演、角色表演等形式引导幼儿开展活动，利用有效的提问来吸引幼儿的注意等。诸多方法可根据具体活动情境需求而定，并没有统一的模式要求；主体部分。主要为幼儿提供操作、探索、交流、表达的机会，支持幼儿适应经验的获得和适应能力的发展；结束部分。教师在融洽的氛围下，引导幼儿回顾活动，帮助幼儿梳理经验。

2. 主题活动设计

主题活动指的是在一段时间内围绕一个中心内容，即主题来组织的教育教学活动。它打破了学科之间的界限，将各种学习内容围绕一个中心或主题有机地结合起来，让学习者通过该单元活动的学习，获得与主题有关的较为完整的、有联系的经验。幼儿适应能力经验的获得本就不是分割的、分散的，而是整合的、协同的，主题活动的方式关注到幼儿的适应能力整体经验，将不同内容融合到同一个主题范围之下，更加适合幼儿适应能力关键经验的获得。

（1）特点

幼儿自主探索性。以幼儿适应能力发展为主要内容的主题活动强调幼儿的发展以及经验的获得，是幼儿自主探索、体验、交流、发现等多种学习方式的整合活动。由此，适应能力发展的主题选择与进展要以幼儿的需求和兴趣为出发点，主题活动的开展要时刻关注幼儿的需求变化与偶发经验，并能及时做出调整。

内容系统性。虽然幼儿适应能力的主题活动强调以幼儿经验需求为主，但教师要准确把握主题中所蕴含的适应能力的关键经验脉络。教育活动在满足幼儿需求的基础上，系统关注幼儿的关键经验，并为幼儿提供最有利的环境支持。不同主题之间要关注纵向之间的连接，后一个主题活动要与前一个主题活动具有关联性，为幼儿获得适应能力的整体经验提供支持。

开展形式多样性。主题活动的开展形式是多种多样的，不能将主题活动的组织形式局限于课堂教学，日常生活、游戏、区域活动、环境融合等形式更应值得关注。

（2）幼儿适应能力的主题活动设计步骤

第一，确定主题。选择主题是主题活动设计的逻辑起点，主题彰显着整个活动的关注核心，主题的选择应该以幼儿适应能力为主，围绕一个核心，将领域中与核心相关的内容整合起来。在主题选择时，要注意以下几个原则：①经验性。主题的选择是否建立在幼儿已有的适应能力经验基础之上，同时与幼儿的生活经验相联系；②趣味性。兴趣是诱发幼儿参与活动的最大诱因，主题的选择应是幼儿喜欢的，能调动幼儿积极参与；③可行性。主题活动的材料容易获得，环境能够支持，能够将具体的目标转化为活动；④衔接性。主题活动不是孤立开展的，而是前后主题之间的有效衔接，幼儿内在经验的有效整合。

第二，确定主题活动的总目标。根据确定的主题以及幼儿适应能力的发展特点，该阶段要求对整个主题活动所要完成的主要任务进行描述。幼儿适应能力关键经验的主题活动要以幼儿适应能力的发展目标为切入点，可以有机融合其他领域的目标。

接下来，分析单元活动计划。单元活动是要考虑组成主题的单元活动具体包括哪些，内容是什么，涉及以适应能力为核心的哪些领域。哪些活动完成主题中的一个总目标，哪些活动完成主题中的几个目标都有必要交代。

第三，逐一设计具体活动。具体活动构成了主题活动的具体枝节。每个活动的具体要素仍然包括活动名称、活动目标、活动准备、活动内容、活动过程、活动延伸与评价等。

第四，主题活动的评价与反思。主题活动的设计与实施是系统性工程，为了确保活动的质量，有效的评价与反思是必不可少的环节。因此，针对幼儿适应能力发展的主题活动特性，结合主题活动实施的过程，有必要对主题的选择、主题目标、主题内容、主题可行性等制作评价体系考核表，并及时进行反馈，将其作为教师再次进行活动设计的主要参考依据。

二、促进幼儿适应能力发展活动的指导策略

幼儿适应能力发展活动的指导策略就是以幼儿教育活动为载体，围绕幼儿适应能力发展这一核心目标，所采取的一系列方法、行动、谋略。活动策略是幼儿适应能力发展的活动理念转化为操作方法的重要指引，也是促进幼儿适应能力关键经验发展的重要途径。

（一）明确任务，制订计划

教师作为幼儿学习的重要支持者和促进者，在活动前与活动进程中要明确任务。任务的确定除了对幼儿适应能力的准确把握，还需明确活动本身的内在逻辑。任务意识是教师把握整体活动逻辑线索的重要保证，也是教师专业能力的体现。幼儿适应能力发展活动的指导需要有效的指导规划，教师要明确指导的内容和指导方式，需要对幼儿适应能力发展的活动形式进行分析，需要明确自身的角色定位，把握最佳的介入和指导时机。

（二）动机激发、兴趣引入，唤醒幼儿的适应能力关键经验

良好的活动导入能使活动产生事半功倍的效果。从活动最初开始，教师要激发幼儿的兴趣，使幼儿在好奇心的驱动下积极地投入适应能力发展的活动中。教师要以积极饱满的情感，生动而简短、指向明确的谈话，或者富有启发性的提问、谜语、儿歌、角色扮演等引起幼儿参与活动的兴趣与愿望，激发幼儿的内在动机。诸多方式是为了唤起幼儿的适应能力的关键经验，值得注意的是动机激发与兴趣引入要建立在幼儿已有的适应能力基础上，即利用先行组织者原理形成幼儿适应能力发展的内在衔接性。

（三）把握幼儿适应能力发展的关键经验

教师要通过系统学习及对幼儿的观察与分析，结合《纲要》《指南》以

及幼儿园的具体情况，梳理并制定幼儿需要掌握的，同时又有利于教师设计、操作、观察和评价的适应能力发展的关键经验，并依据幼儿所获得的关键经验设计适宜幼儿的活动，促进幼儿适应能力更好的发展。

（四）根据幼儿的年龄阶段特点进行指导

学前期是幼儿适应能力发展的关键时期，无论是幼儿适应自然的能力，还是适应社会的能力，学前期各个年龄阶段都有其自身特点，因此教师的指导与介入必须要有针对性。即便是同一内容的关键经验，也应该从简单到复杂，从易到难。如适应温度的经验，3—4 岁的幼儿能在较热或较冷的户外环境中活动；4—5 岁的幼儿能在较热或较冷的户外环境中连续活动半小时左右；5—6 岁的幼儿能在较热或较冷的户外环境中连续活动半小时以上。教师在发展幼儿适应能力时要根据幼儿的年龄阶段差异合理安排活动，使其具有适宜性。

（五）引导幼儿围绕关键经验运用多种感官、方法进行体验、操作

幼儿适应能力关键经验的获得与其学习方式密不可分，有效的、合理的、基于幼儿身心发展特点的学习方式对幼儿获取关键经验起着事半功倍的效果。相反，机械的、无效的学习则极其不利于幼儿的适应能力关键经验获得。对幼儿适应能力发展来说，体验学习是幼儿获得适应能力关键经验不可或缺的一种学习方式。体验学习是学习者亲身介入实践活动，通过认知、体验和感悟，在实践过程中主动获得新的知识、技能和态度的方法。幼儿的经验是具体的、形象的，其学习应该发生在具体情境中，通过“操作”“体验”建构新经验。《纲要》和《指南》中都强调幼儿是通过直接感知、实际操作和亲身体验获取经验、建构知识和发展能力。由此，促进幼儿适应能力发展的活动要充分给予幼儿参与并体验活动的机会，尤其是依据幼儿的关键经验引导幼儿运用多种感官进行体验和操作，丰富幼儿的表象和体验经验。

（六）根据幼儿的表现与经验获得，对活动进行有效评价

幼儿适应能力发展的活动评价是活动优化与提升的重要环节。有效的活

动评价不能仅仅关注教师在活动中的表现，如教师的教态、教师的语言表达与节奏控制、教师达成活动目标的情况、教师组织活动的能力、教师与幼儿的互动能力、教师处理活动生成的能力等，还应关注幼儿在活动中的表现。幼儿是活动中的主体，也是活动设计与实施的最终落足点。幼儿在适应能力活动中的表现以及关键经验获得与发展的情况是衡量活动效果的重要依据。我们希望看到充满生命力的教育活动，看到教师和幼儿一起思考、对话，不断提升和构建。幼儿在活动中发生的争论、疑问和思考以及幼儿在与教师、同伴、环境的交往互动中碰撞迸发出来的灵感和新奇都应成为评价的一个重要参照。此外，幼儿适应能力关键经验的梳理能够为适应能力活动的优化提供参照依据，也是提升活动质量的有效因素。

三、促进幼儿适应能力发展活动的范例和分析

范例

弟弟妹妹我来帮助你（大班）

活动目标

1. 能识别和初步理解他人的情绪情感。

2. 主动友好地与小班幼儿交往，主动帮助弟弟妹妹解决问题，体验到助人的乐趣。

活动准备

1. 材料准备：自制各种小动物或玩具；布置的墙饰“我的弟弟妹妹”分为三个栏目：弟弟妹妹为什么哭、我来帮帮你、我们和弟

弟妹妹在一起；已经录制好的小班幼儿哭闹和有困难的场景视频；记录表；表情脸若干。

2. 经验准备：幼儿准备好一个小故事；唱好听的歌曲等；有一定的生活自理能力。

活动过程

1. 教师引导幼儿观看视频，了解弟弟妹妹的现状，萌发帮助他们的情感。

讨论：你从视频中看到了什么？弟弟妹妹怎么啦？他们遇到了什么困难？他们为什么哭，看到他们这样你想怎么办？

2. 分组讨论了解幼儿帮助弟弟妹妹的想法。

（1）讨论：你怎样帮助弟弟妹妹？如做游戏、讲故事、送礼物等，促进各组幼儿与全班同伴互相交流，达成共识。

（2）教师和幼儿一起把自己的想法和建议画成主题画，装饰在墙饰“我来帮帮你”的栏目中。

3. 带幼儿到小班和弟弟妹妹结对子，尝试用自己的方法帮助他们。

4. 回班后交流自己的感受和体验，总结好的方法以利于活动的开展。

提问：你带的弟弟妹妹是什么表现？遇到了什么困难？你用了什么方法？哪些方法效果最好？你还遇到了什么困难？是怎么解决的？

5. 再次到小班与他们共同开展活动。

幼儿在今后的几天中，尝试用不同的方法帮助弟弟妹妹解决困难，哄他们不哭等。

（1）请家长帮忙用表格记录帮助弟弟妹妹时的好方法。

（2）提供“表情脸”，幼儿自己记录弟弟妹妹的表情。

6. 同伴间互相交流好的方法，在鼓励幼儿大胆表达的同时达到资源的共享、信息的传递。

活动延伸

大带小活动“我们共同做游戏”。

活动评析

研究表明，混龄儿童在一起活动，可以促进一些新的社会行为的发展，使他们在跨年龄的活动情境中整合自己的行为。教师用视频的形式再现活动情境，让大班幼儿直观地看到小班幼儿遇到的困难，让幼儿在情境中去发现问题，讨论得出解决问题的好办法。在教师的引导下，通过一系列活动，增强了幼儿为他人及同伴服务的意识，累积了幼儿的生活经验，加强了幼儿自理能力的培养，使幼儿逐渐养成乐于助人的良好品质。

该教师为不同年龄幼儿之间的相互合作提供了机会。对年长幼儿来说，能扩大交往的技能，形成责任心，发展他们的组织能力，并从中得到一种自我满足。在活动中，教师从多元的角度，让幼儿展示自己与众不同的特点，表现自己作为幼儿园里的大哥哥、大姐姐的角色。他们体会到做哥哥姐姐和帮助弟弟妹妹是一件光荣和令人高兴的事，增强了自豪感。对年幼的幼儿来说，能从社会经验比自己丰富的年长哥哥姐姐那里，学会与人相处交往的技能和活动经验。

第五章

动作发展：关键经验与活动指导

动作是人类最重要的一种基本能力，也是个体进行实践活动不可缺少的重要工具。动作发展包括神经中枢、神经、肌肉协调控制的身体动作的发展。幼儿动作的发展是其活动发展的直接前提。国内外大量研究证明，幼儿早期动作的良好发展会鼓励幼儿参与体育活动，促进其身体健康、认知、情绪和社会性等多个方面发展，为个体未来的全面发展提供有利条件。反之，个体的发展也会受到阻碍。幼儿期是身体动作发展的关键时期，因此必须把握动作发展的关键经验从而促进幼儿个体的全面发展。

第一节 幼儿动作发展的关键经验及影响因素

幼儿的动作发展是身体机能发展状况的重要表现，同时也与幼儿心理的发展具有内在联系。幼儿动作的发展是适应社会生活必备的基本能力。

一、关键经验与动作发展

（一）关键经验

美国 HighScope 学前教育课程内容列举的关键经验中，与动作发展相关的运动和空间两个内容的关键经验如表 5-1 所示。

表 5-1　HighScope 课程中的部分关键经验

内容	关键经验
运动	1. 以非移动的方式移动（定点移动：弯曲、扭转、摇晃、摆动手臂） 2. 以移动的方式移动（非定点移动：跑步、向前跳、向上跳、跳跃着往前走、前进、爬行） 3. 与物体一起移动 4. 在移动时表现出创意 5. 叙述移动的行为 6. 根据前进方向来移动 7. 感觉并表现出规律的节奏 8. 以正常的节奏依序移动
空间	1. 填满和倒空 2. 将物体组合与拆开 3. 改变物体的形状与组合法（包装、扭曲、拉长、堆垒、围绕） 4. 从不同的空间来观察人、事、物 5. 在游戏空间、建筑物与邻近地区中，体验并叙述位置、方向与距离 6. 解释图画与照片中的空间关系

从表 5-1 的运动关键经验可以看出：前五条关键经验强调幼儿经历和描述运动，第六条是强调根据语言和视觉的线索进行运动，最后两条是强调调整运动时间。这是新增加的一类关键经验，原来仅在有关“空间”的关键经验中提到“通过有方向性的运动来体验空间”。空间关键经验注重操作表征在学习“空间”这样的抽象概念中的意义，如提出了

让幼儿填装物体，这表明研究者注意到许多幼儿包括学步儿是很喜欢这类活动的。

运动关键经验更多地体现了走、跑、跳、钻爬等基本动作的内容，而空间关键经验中与动作发展紧密相关的是更多体现了手的精细动作。运动是幼儿认识世界最初的方式，它先于语言，是幼儿切身体验的最直接的表现形式，运动也是幼儿动作发展的最重要的形式。

（二）动作发展

1. 动作发展的内容

动作发展研究根据参与运动的肌肉和肌肉群的大小，将动作分为粗大动作和精细动作。粗大动作是指由身体的大肌肉或肌肉群产生的动作，如行走、奔跑、跳跃、投掷和钻爬等；精细动作是指由身体的小肌肉或肌肉群产生的动作，如画画、书写、使用筷子等。

幼儿动作的发展是肌肉和骨骼活动的发展，幼儿是在活动过程中，通过动作接触周围事物、认识周围事物的。幼儿动作的发展在 3 岁前已基本完成，以后只是向更准确、更有组织、更匀称协调的方向发展。3 岁前幼儿动作的发展，是有规律地按一定顺序发展的。个体动作的发展是从无条件反射动作、无意识动作发展到形成复杂、精确、有意识动作技能的。

人在童年的早期至中期，即大约 3—8 岁期间，形成多种基本动作技能的基础。这个基础使幼儿在动作反应中有更多的选择，为他们的动作表现提供更大的自由度，因此学前期是幼儿动作发展的关键时期。

《指南》首次专门将动作发展列为幼儿健康领域的目标之一。主要从三个方面进行阐述：具有一定的平衡能力、具有一定的力量与耐力、手的动作灵活协调。我们在此基础上加以丰富（见表 5-2）。

表 5-2 《指南》健康领域中动作发展目标与实施要点

动作发展目标	实施要点
1. 具有一定的平衡能力 2. 具有一定的力量与耐力 3. 手的动作灵活协调 4. 学习使用工具	1. 双手抛球、连续拍球，能够及时停止动作，避免碰撞其他伙伴等来发展平衡能力 2. 通过走平衡板、匍匐爬行、助跑跨栏或与他人玩追逐躲闪跑游戏、双手悬垂的时间、投掷沙包的距离、单脚连续跳跃的距离、快跑等发展力量和耐力 3. 提出了绘画或写字、剪裁、使用筷子、用剪刀剪东西、阅读与书写准备、操作与摆弄物体、美术活动等精细动作方面的要求 4. 通过两个途径实现：在日常生活中实施；开展丰富多样、适合幼儿年龄特点的各种身体活动来发展幼儿的身体素质

《指南》中动作发展的内容包括粗大动作与精细动作，列举了幼儿应该完成的一些动作，对平衡能力、协调与灵敏、力量和耐力等方面也制定了可操作的详细目标，首次从幼儿动作发展的角度对促进幼儿的健康设置了发展目标，幼儿的动作发展开始受到重视。

2. 动作发展的特点

（1）粗大动作发展的特点

0—6 个月为原始反射支配时期，以移动运动为主，包括仰卧、侧卧、俯卧、翻身、蠕行、抱坐、扶坐等。

7—12 个月为步行前时期，仍然以移动运动为主，包括独立、爬行、扶站、姿势转换、花样爬（障碍爬）、扶走等。

13—18 个月为步行时期，以行走平衡感发展为主，包括站立、独立走（向不同方向走、直线走、曲线走、侧身走、倒退走）、攀登、掌握平衡等。

19—36 个月以基本动作为主，包括跑、跳（原地向上跳、向前跳）、投掷（投远、投向目标）、单脚站立、翻滚、走平衡木、抛接物体、玩运动器械（滑滑梯、荡秋千）等。

（2）精细动作发展的特点

幼儿精细动作发展的顺序是：从用满手抓握到用拇指与其他四指对握，再到食指与拇指对捏。幼儿精细动作的发展必须在大动作发展基础上才能得到发展。

3. 动作发展的规律

(1) 从上到下，由首至尾

幼儿身体上部的发展先于身体下部的发展，从头部到下部，从上肢到下肢逐渐发展。

(2) 从粗到细

从幼儿最初发展起来的与大肌肉相联系的动作，逐渐发展到与小肌肉相联系的动作。如幼儿手的动作的发展，先发展的是与手臂大肌肉相联系的伸臂，以后逐渐发展起来与手指小肌肉相联系的抓、握、拿等动作。

(3) 从简单到复杂

幼儿最初的动作是身体个别部分的简单动作，如伸伸手、踢踢腿、转转头等，逐渐发展到同时转头、伸手、手眼协调地拿取物体，进一步发展到能从事由多种动作组成的游戏活动。

(4) 从不随意到随意

动作的不随意性和随意性，是从动作的主动性和目的性来区别的。幼儿的动作最初是不随意动作，是无目的、由客观刺激引起的，加之头随着光线的方向转动，有东西接触幼儿的手，幼儿的手就去抓摸。以后，随意动作逐渐发展起来，这时客观刺激不在眼前或没有直接接触幼儿，动作也会出现，而且通过动作，主动地、有目的地去接触事物、认识事物。

(5) 由近而远

幼儿最早发展的是身体中部的动作，如头和躯干的动作，然后才是双臂和腿部有规律的动作，接下来就是腕、手，手指的精细动作发展最晚。

二、幼儿动作发展的关键经验及影响因素

(一) 幼儿动作发展的关键经验

结合美国 HighScope 课程中运动和空间的关键经验以及动作发展的特点

和规律，幼儿动作发展的关键经验主要包括粗大动作发展的关键经验和精细动作发展的关键经验。粗大动作发展的关键经验主要是幼儿在不同年龄阶段基本动作发展的过程体现；精细动作发展的关键经验主要是幼儿在不同年龄阶段手的动作发展的过程体现。

1. 粗大动作发展的关键经验

（1）幼儿走步动作的关键经验（见表 5-3）

表 5-3　幼儿走步动作的关键经验

年龄阶段	关键经验
3—4 岁	1. 走步时可以初步控制走步方向，平稳熟练地走步，但步幅小而不稳定 2. 摆臂幅度小，膝关节灵活性较差，上下肢配合还不够协调，容易出现顺拐现象 3. 注意力易分散，排队走步时，保持队形能力差，注意力不集中，爱东张西望
4—5 岁	1. 步幅较稳定，大概在 40 厘米，上下肢配合协调，个人走步特点已初步形成 2. 排队走步能保持队形，并能随节拍走，但调节节奏能力稍差，注意力仍易分散
5—6 岁	1. 走步的动作比较协调，轻松自如，平稳有力，已初形成个人走步的特点 2. 初步按照信号节奏调节步频和步幅，能初步控制走步的速度 3. 排队时能较好地保持队形并能掌握多种变化队形的方法，步幅已增至 50 厘米左右

（2）幼儿跑步动作的关键经验（见表 5-4）

表 5-4　幼儿跑步动作的关键经验

年龄阶段	关键经验
3—4 岁	1. 步幅小而不均匀。控制跑动方向能力较差，直线跑不直，跑动中改变方向费力而迟缓 2. 启动和制动较慢。跑的稳定性有了明显提高，但稍有碰撞或地面不平容易摔倒 3. 跑的耐力差。速度意识和竞赛意识缺乏，对自己跑速调节的意识也弱

续表

年龄阶段	关键经验
4—5岁	1. 跑步时能力发展迅速，在跑的技能、速度和耐力以及心理素质方面都有明显进步 2. 跑速、步幅都快速发展，对胜负开始关注
5—6岁	1. 速度意识和竞赛意识很强，对胜负的情绪反应较强 2. 跑中能够有意识地克服疲劳，表现出较强的意志力，跑步的目的性比较明确

（3）幼儿跳跃动作的关键经验（见表5-5）

表5-5　幼儿跳跃动作的关键经验

年龄阶段	关键经验
3—4岁	1. 起跳动作的蹬伸意识较差，蹬地力量弱，摆臂与蹬地动作脱节 2. 落地的缓冲意识差，往往出现落地不稳的情况 3. 跳跃的远度近，在该年龄阶段主要是进行双脚连续跳跃练习
4—5岁	1. 该年龄阶段幼儿的远度增长较快 2. 能较熟练地掌握徒手或者持轻器械的单双脚跳，而且跳跃动作基本合理和协调
5—6岁	1. 跳跃动作合理、协调，起跳时摆臂和蹬腿动作配合协调，而且在跳跃时节奏稳定、落地能屈膝缓冲，保持好身体的平衡性 2. 该年龄阶段幼儿能掌握多种跳跃的方法，可以进行跳圈、跳皮筋、跳绳、助跑跨跳等复杂的跳跃技能

（4）幼儿投掷动作的关键经验（见表5-6）

表5-6　幼儿投掷动作的关键经验

年龄阶段	关键经验
3—4岁	1. 投掷动作不协调，投掷时主要采用的是上肢的力量，下肢和躯干动作配合不协调。多余动作较多，但能掌握双手头上、双手腹前、原地肩上投掷等动作 2. 投掷的距离近且出手角度和方向不好

续表

年龄阶段	关键经验
4—5 岁	1. 在教师的引导、教育下投掷的能力相对发展较快，全身能够比较协调用力，可以掌握单手肩上正面投掷，双手头上、胸前、腹前投掷等动作 2. 投掷的出手角度和方向有明显进步，但还是有不稳定的现象
5—6 岁	1. 投掷动作协调有力，投掷的远度和准确度明显提高，部分能力强的幼儿可以掌握侧向肩上投掷动作 2. 男女幼儿在投掷能力上出现差异

（5）幼儿钻爬动作的关键经验

幼儿十分喜欢钻爬的活动，只要看到较低的障碍物，他们都会设法通过。从婴儿七八个月大时就开始尝试腹部着地爬。在钻爬时，由于幼儿的空间感知能力和判断能力较差，在屈腿、弯腰和团身方面还不能较好地运用，因此不能迅速、准确地通过障碍物。但随着年龄增长，身体的协调性、灵活性的提高，幼儿能灵敏、协调、正确地钻爬过障碍物。

2. 精细动作发展的关键经验

精细动作，这里指手指的随意动作，主要包括手眼协调、手指屈伸和指尖动作等局部活动。精细动作能力是指个体主要凭借手和手指等部位的小肌肉或小肌肉群的运动，在感知觉、注意等多方面心理活动的配合下完成特定任务的能力。手的动作的发展对于个体适应社会生活以及实现自身发展具有重要的意义。手的动作的发展是以协调和控制能力的发展为主要标志的，它在很大程度上因碍于神经和肌肉的快速与准确反应，是神经控制与调节能力的重要表现。《指南》依据幼儿的年龄特点，从手的动作的灵活协调以及使用工具两个维度提出了幼儿在各年龄阶段学习与发展的具体目标。

使用工具是维持人类生存以及适应人类生活必须具备的基本能力。对幼儿来讲，手的动作发展的重要内容就是学习使用工具，如用勺吃饭、用笔绘画或写字、用剪刀剪东西等。

由于幼儿在日常生活中离不开手的活动，其他领域的活动也离不开手的参与（如阅读与书写准备、操作与摆弄物体、美术活动），因此，只要我们提供动手操作的机会，幼儿手的动作能力就可以在各种相关活动中自然地得到锻炼并获得发展。

手部动作的发展以及在此基础上形成的抓握动作和依靠手眼协调来实现的绘画、写字及生活自理动作，是幼儿精细动作能力发展的关键经验。

（1）手眼协调

幼儿3个月时眼手不协调，4—5个月时看到东西就想伸手去抓去摸，但是不一定抓得住拿得稳，这时幼儿对空间位置的辨别能力较差、距离知觉还不够精确。经过不断练习，同时由于坐的姿势的发展，使视线容易和手接触，手眼开始协调起来。5—6个月，由于手眼的协调，看到物体能准确抓住的成功率达到20%左右。8个月时成功率能达到100%。

（2）抓握动作

抓握动作的发展是手的动作发展的重要标志。抓握动作的发展，以眼睛注视物体和手抓握物体动作的协调、五个手指活动的分化为特点。因此，婴儿出生后6个月，抓握动作才开始发展。3个月以前的婴儿，手基本上是捏成拳头，手脚一起乱伸乱动。4—5个月的婴儿，虽然会伸手抓身旁的东西，但往往是整个手一把抓。这种动作带有很大程度的不随意性，手接触到什么就抓什么。6个月时，捏物体时还是一把抓，不会使用拇指，能够把东西从一只手换到另一只手；手眼协调指看到物体后能用手抓住它。8个月，抓握物体时能大拇指和其他四个指头分开，使用拇指抓握住物体。10个月，能协调地配合手眼动作，把一样东西放到另一样东西上。18个月，能将2—3件东西搭叠起来，能推拉玩具。会同时使用四个手指和拇指，抓握动作得到充分发展。2岁，能用手一页一页地翻书。2.5岁，手与手指的动作相当协调，手指活动自如，会用手指拿筷子、拿笔。3岁，能用手拿笔画圆圈，会自己往杯子里倒水，能自己解开和扣上纽扣（见表5-7）。

表 5-7　不同年龄阶段抓握动作的发展情况

动作项目	年龄（月）	动作项目	年龄（月）
抓住不放	4.7	用匙稍外溢	24.1
能抓住面前的玩具	6.1	脱鞋袜	26.2
能用拇指食指拿	6.4	穿珠	27.8
能松手	7.5	折纸近似长方形	29.2
传递	7.6	独自用匙	29.3
能拿起面前的玩具	7.9	画横线近似	29.5
堆积木 2—5 块	15.4	一手端碗	30.1
用匙外溢	18.6	折纸近似正方形	31.5
用手端碗	21.6	圈圆形近似	32.1

（二）幼儿动作发展的影响因素

1. 遗传

幼儿身体发展是以遗传为基础的，遗传对幼儿动作发展起着相当重要的作用，是幼儿身体发展的基础。动作是神经系统支配的骨骼、肌肉系统的活动，也与呼吸系统有关，因此动作的发展，与整个身体的发展有密切关系。在体格发育上，遗传因素的影响占相当大的比例，动作的发展，在一定程度上也是由遗传决定的，如体形在相当程度上与遗传有关，而体形又影响动作和运动能力的发展。遗传带来的身体个别部位的特征或缺陷，对相应动作的发展也有影响。

2. 生理成熟

幼儿动作的发展是以其大脑、神经系统与肌肉、骨骼、关节组织在结构上的完善为前提的，生理成熟主要为动作发展提供了必要的物质基础与生物可能性。如果抓住幼儿动作发展的关键期，在幼儿最容易掌握某种动作的时候，促进其发展，则可达到事半功倍之效。如行走动作是随着腿、腰部骨骼、肌肉发育而成熟的，幼儿到一定时间，就会扶着东西站立和行走。但是独立行走的动作，却是在成人的帮助下，练习越多越熟悉。

3. 激发动机

幼儿自身的积极性是促进其动作发展的重要力量。幼儿兴趣强时，其坚持性行为显著高于兴趣弱的活动。幼儿对活动的态度和理解，都影响其动作水平的提高。

4. 环境

幼儿成长的物质生活环境、家长特定的养育观念与家庭的生活方式等，会直接影响幼儿练习动作、获得动作反馈的机会，从而影响动作发展的速度及特定动作的发展水平，以及动作发展的顺序和倾向。有些动作，没有相应的环境和练习，不可能得到很好地发展。印度狼孩卡玛拉由于长期在狼群中生活，没有行走动作发展的环境，到 14 岁时走路还没有 2 岁幼儿稳。到 17 岁死去时，始终没有平稳地走或跑过。因此，应当根据幼儿动作发展的规律和顺序，帮助幼儿完善动作，提供动作练习的机会，促进其动作发展。

第二节　促进幼儿动作发展的途径和方法

一、促进粗大动作发展的途径和方法

促进幼儿粗大动作发展的途径主要包括创设良好的环境、提供良好的练习条件和机会。如充分利用幼儿园的活动场地，为幼儿创设富有趣味且具备挑战性的户外活动环境，可开辟玩沙池、戏水池，建造小山坡、投放大型玩具、攀岩墙等，鼓励幼儿积极参与各项户外活动；充分利用幼儿园一日活动各环节，如晨间锻炼、集体教学、午间操、散步、户外体育游戏来促进幼儿身体动作的全面发展；保证幼儿充足的户外活动时间，每天户外活动时间不少于两个小时，其中体育活动时间不少于一个小时，季节交替时能坚持；为幼儿户外体育活动提供丰富多样的动活材料，如平衡木、

滑板车、球、小推车等小型运动器材以及各种自制体育玩具，激发幼儿参与体育活动的兴趣。

注重幼儿走、跑、跳、钻爬、投掷等动作发展的均衡性，共同促进幼儿各项身体动作的发展。

（一）幼儿走步动作发展的途径和方法

1. 常见的走步练习方式

发展幼儿走步动作常见的方式有自然走步、前脚掌走、脚跟走、轻轻走、高抬腿走、后踢走、蹲着走、弹簧步、后退走、变化手臂动作的走、拍响走、击响走、持物走、协同走。

2. 走步动作的发展方法

（1）配乐走步：根据走步动作的特点选用乐曲（排队齐步——进行曲；模仿走步——根据形态动作特征选曲）。

（2）儿歌走步。

（3）变换队形走步。

（4）散步或游览。

3. 幼儿走步动作发展的具体途径（见表5-8）

表5-8　幼儿走步动作发展的具体途径

年龄阶段	发展途径
3—4岁	1. 听信号向指定方向走 2. 在指定范围内散开走 3. 一个跟着一个走 4. 跨过小障碍
4—5岁	1. 听信号有节奏地走 2. 听信号变换速度走 3. 持物走 4. 平衡板上走 5. 远足

续表

年龄阶段	发展途径
5—6 岁	1. 整齐地走 2. 高人走、矮人走 3. 听信号变换方向走 4. 倒退走、上下坡走 5. 脚跟、脚尖走 6. 推着小车走

4. 发展幼儿走步动作的游戏

《指南》在健康领域的“动作发展”部分有关平衡的目标包括：小班（3—4 岁）幼儿能沿地面直线或在较窄的低矮物体上走一段距离，中班（4—5 岁）幼儿能在较窄的低矮物体上平稳地走一段距离，大班（5—6 岁）幼儿能在斜坡、荡桥和有一定间隔的物体上较平稳地行走。可见，能够平稳地走，既发展了幼儿的走步动作，也发展了幼儿的平衡能力。发展走步动作的游戏主要有平衡木、平衡台类游戏。这类游戏的器械包括矮平衡木、平衡台、桌子、长条凳、小凳子等。主要游戏有刚入园的幼儿，能够走过比较矮的平衡木、走过间隔比较窄的平衡台和梅花桩。能力强的幼儿，能够爬上或爬下稍微高一点儿的桌子、走上稍微有点倾斜度的长条凳、走过不同高度的小凳子。

（二）幼儿跑步动作发展的途径和方法

1. 常见的跑步练习方式

发展幼儿跑步动作常见的方式有慢跑、快速跑、圆圈跑、四散跑、往返跑、追逐跑、弯腰半蹲跑、后踢小腿跑、后退跑、持物跑、接力赛跑、协同跑、模仿跑。

2. 跑步动作的发展方法

（1）游戏法：根据年龄特点，开展竞赛性或非竞赛性的跑步游戏。

（2）榜样示范法：教师或动作较好的幼儿做示范。

3. 幼儿跑步动作发展的具体途径（见表 5-9）

表 5-9　幼儿跑步动作发展的具体途径

年龄阶段	发展途径
3—4 岁	1. 听信号向指定方向跑 2. 在指定范围内四散跑 3. 100 米慢跑或走跑交替 4. 沿场地跑 5. 圆圈跑
4—5 岁	1. 跑动中听信号做规定动作 2. 在一定范围内四散跑 3. 100—200 米慢跑或走跑交替 4. 20 米快速跑 5. 曲线跑 6. 绕障碍物跑
5—6 岁	1. 听信号变速跑或改变方向跑 2. 四散追逐跑或躲闪跑 3. 200—300 米慢跑或走跑交替 4. 20—30 米快速跑 5. 上下坡跑 6. 持物跑

4. 发展幼儿跑步动作的游戏

（1）跑步游戏

跑步类游戏多数围绕着快跑、追逐跑、侧身跑几种。为了能够让跑步变得更有趣味性，可设计一些深受幼儿喜欢的游戏，如揪尾巴、切西瓜、贴人、传电、关门、小鱼游等追逐跑游戏。为了更大程度地提升幼儿腿部的灵敏性和协调性，教师可尝试带领幼儿进行侧身跑、后退跑、变速跑、绕障碍跑、接力跑、持物跑等跑步方式，从不同角度发展幼儿的灵活性和协调性。

（2）快速跑类游戏

快速跑类游戏的主要特点是能够提升幼儿的腿部力量和爆发力，并能坚持跑一段距离，提升心肺功能及有氧运动耐力。

主要方法有快速接力跑、快速绕障碍跑、快速跨越障碍跑等。常见的快速跑游戏有20米接力赛、快跑后跨跳接力赛、快跑绕障碍接力赛、两人两秒追赶赛等。

（三）幼儿跳跃动作发展的途径及方法

1. 常见的跳跃练习方式

常见的跳跃练习方式有原地双脚向上跳、立定跳远、双脚连续向前跳、双脚连续向上跳、双脚连续向侧跳、纵跳触物、高处往下跳、双脚交替跳、双脚开合跳、转身跳、水平或垂直跨跳过障碍、助跑跳远、单脚连续向前跳、跳山羊、跳绳、跳皮筋、跳竹竿、夹包跳、协同跳等。

2. 跳跃动作的发展方法

（1）模仿法：模拟不同动物的跳跃动作。

（2）配乐练习法：用不同节奏的音乐发展跳跃动作节奏。

（3）探索法：鼓励幼儿在自由跳跃中探索新的跳跃动作。

3. 幼儿跳跃动作发展的具体途径（见表5-10）

表5-10　幼儿跳跃动作发展的具体途径

年龄阶段	发展途径
3—4岁	1. 原地双脚向上跳 2. 水平跨跳 3. 高处向下跳（15—25厘米高） 4. 双脚向前行进跳

续表

年龄阶段	发展途径
4—5 岁	1. 原地纵跳触物（距指尖 15—20 厘米） 2. 双脚向前连续跳跃 3. 高处向下跳（25—30 厘米高） 4. 立定跳远（不少于 75 厘米） 5. 双脚在直线两侧行进跳 6. 夹沙包跳 7. 单脚直线连续跳（不少于 10 米） 8. 助跑跨跳（大于 40 厘米的平行线）
5—6 岁	1. 原地纵跳触物（距指尖 20—25 厘米） 2. 单脚折线连续跳 3. 从高处向下跳（30—35 厘米高） 4. 立定跳远（不少于 95 厘米） 5. 变换方向跳、转身跳跃 6. 夹沙包跳 7. 单脚直线连续跳（不少于 20 米） 8. 助跑跳过大于 50 厘米的平行线 9. 跳绳、跳皮筋、跳蹦床、跳箱

4. 发展幼儿跳跃动作的游戏

跳跃游戏的主要特点是能够利用良好的腿部力量和爆发力，进行多种跳跃动作锻炼，以此来发展灵敏性和协调性。

可尝试开展多种游戏，如中小班幼儿玩跳房子游戏，大班幼儿玩跳绳、跳竹竿、弹床、跳马、支撑跳跃、踢腿跳等游戏。还可以利用多种器械来辅助，发展跳跃的灵活性，如小跨栏、弹床、跳箱、双杠、摸高竿、起跳板、跳台、大绳、竹竿、皮筋、平衡球等。

（四）幼儿投掷动作的发展途径及方法

1. 常见的投掷练习方式

常见的投掷练习方式有滚球、传接球、拍皮球、投纸飞机、投准、掷远、投篮等。

2. 投掷动作的发展方法

（1）游戏法：根据年龄特征，运用竞赛性的或非竞赛性的投掷游戏。

（2）榜样示范法：教师或动作较好的幼儿做示范。

3. 幼儿投掷动作发展的具体途径（见表 5-11）

表 5-11　幼儿投掷动作发展的具体途径

年龄阶段	发展途径
3—4 岁	1. 互相滚接皮球 2. 自然往前上方或远处投掷沙包、抛纸球等 3. 拍球
4—5 岁	1. 互相滚接皮球 2. 自抛自接高低球 3. 肩上挥臂投远 4. 左右手拍球 5. 打雪仗 6. 滚球击物 7. 投准
5—6 岁	1. 两人相距 2—4 米抛接大皮球 2. 肩上挥臂投远、投准 3. 原地变换形式拍球 4. 边走或边跑边拍球 5. 套圈 6. 投篮 7. 侧面投远

4. 发展幼儿投掷动作的游戏

投掷类游戏的主要特点是能够发展幼儿的上肢手臂力量和爆发力。

主要游戏有利用纸球、海绵球、沙包投掷小动物的大嘴巴、投掷饮料瓶、打保龄球、投掷移动的靶子；将害虫的模型绑在树上，请幼儿打害虫，或者将靶子绑在遥控车上，请幼儿在场外投移动的靶子；将多种不同面积的圆环或呼啦圈挂在大树之间，请幼儿将小皮球投进去；制作投掷架，上面贴上野兽或害虫及得分标志物，幼儿在投掷时，清楚自己得了多少分；准备一些圈圈，将圈圈抛投出去，套住一些小玩具，发一些动漫贴纸进行奖励。

（五）幼儿钻爬动作的发展途径及方法

1. 常见的钻爬练习方式

常见钻的练习方式主要有正面钻、侧面钻、钻山洞、钻桌子等。

常见爬行的练习方式有手膝着地爬、手脚着地爬、匍匐爬、侧着爬、转圈爬、倒着爬、仰着爬、爬障碍等。

2. 钻爬动作的发展方法

（1）模仿法：模仿各种动物的钻爬动作。

（2）探索法：鼓励幼儿在钻爬中探索新的动作。

（3）游戏法：根据年龄特征，运用竞赛性或非竞赛性的钻爬游戏。

3. 幼儿钻爬动作发展的具体途径（见表 5-12、表 5-13）

表 5-12　幼儿钻动作发展的途径

年龄阶段	发展途径
3—4 岁	1. 正面钻 2. 钻纸洞
4—5 岁	1. 侧面钻 2. 钻不同形状的“洞”
5—6 岁	快速灵活钻各种“洞”

表 5-13　幼儿爬行动作发展的途径

年龄阶段	发展途径
3—4 岁	1. 自由地爬 2. 手膝着地爬 3. 爬过障碍物
4—5 岁	1. 爬过各种障碍物 2. 手脚着地爬 3. 横着爬

续表

年龄阶段	发展途径
5—6 岁	1. 协调爬过各种障碍物 2. 倒着爬 3. 转圈爬 4. 匍匐爬

4. 发展幼儿钻爬动作的游戏

垫子类游戏。其主要特点是利用垫子的高低不平，以及垫子本身具备的柔软度，幼儿通过多种爬行方式，大脑在运动中会向多个方向不同地摆动和适应，从而刺激前庭器官的发育，适应多种爬行方式。

这一类的器械主要包括薄垫子、厚折叠垫、小方垫等。

主要游戏有在垫子上爬动一段距离，或者爬的时候钻过一些小山洞，甚至在爬的时候绕过一些障碍物。

二、促进精细动作发展的途径和方法

（一）常见的精细动作练习方式

常见的精细动作练习方式有穿衣服、扣扣子、盖盖、配盖、倒豆、捡豆、搭高楼、套塔、插片、接龙、穿珠子、摆积木、开门、玩沙、玩套叠玩具、拍气球、玩拼插玩具、玩七巧板、撕纸、穿珠、投物进瓶口、开关小盒子、粘贴动物及学用剪刀等。

（二）精细动作的发展途径和方法

1. 创造条件和机会，提供丰富的工具和材料

《指南》提出，提供画笔、剪刀、纸张、泥团、积木、插片、瓶盖及七巧板等工具和材料，或充分利用各种自然、废旧材料和常见物品，让幼儿进行画、剪、折、粘、叠、拧等活动。如让幼儿学习垒积木，幼儿搭积木要经

过多次倒塌再砌的过程，反复练习才能总结经验，越搭越高。要让幼儿自己注意观察，不必过多指点，使幼儿渐渐养成独立操作、集中注意力等良好的学习态度，并在不知不觉中训练手眼协调和平衡能力。

2. 培养良好的生活自理能力，精细动作生活化

引导幼儿生活自理或参与家务劳动，发展其手的动作。如练习自己穿衣服、扣扣子，用筷子吃饭，帮助择菜叶、做面食、剥大蒜等，均属于生活化内容。为了使教学更生动有趣，活动内容来源于生活又必须高于生活。

3. 培养动手的兴趣和主动性，精细动作游戏化

依据幼儿活泼好动但注意力容易分散的特点，游戏化的活动是培养幼儿精细动作的有效方式，能够更好地培养幼儿动手的兴趣和主动性。如分棋子游戏，让幼儿将混合放在一个盒子里的黑白围棋子按黑白分成两堆，看谁分得快。游戏的方式可以是两个幼儿一对一比赛，也可以是分小组比赛。这个游戏既可以培养幼儿手指捏、抓动作的速度与准确率，又可以培养幼儿眼睛观察、大脑辨别与手指反应这三者的协调能力。

4. 培养良好的运动习惯

运动可以更好地锻炼手的力量，提升双手的协调以及手眼的协调，进一步促进精细动作的发展。如带领幼儿做一些手指操，既可以培养他们的反应能力和敏捷性，又可以促进他们手眼协调能力的发展；球类游戏不但可以训练幼儿的手腕力量，还可以训练幼儿控制方向的能力，提高手眼协调性，增强快速反应能力。而球的反弹特性，也会使幼儿对事物运动方向的改变产生思考和认识，提高预测运动方向的能力。

（三）发展精细动作的游戏

悬垂类游戏。其主要特点是经过不断的练习，能迅速提升手臂、手指、手腕的力量和抓握耐力。

主要玩具有单双杠、吊双环、小竹梯、荡绳索等。

请幼儿扮演小猴子吊单杠，能力强的幼儿尝试抓握单杠侧向横移或踢吊球；扮演小松鼠，通过双脚的辅助反向爬梯子或悬吊。能力强的幼儿也可以扮演小小蝙蝠侠，利用悬吊屈体支撑的方法，像蝙蝠一样把身体倒挂在单杠上。

第三节 促进幼儿动作发展活动的设计与指导

根据关键经验的内容，幼儿动作发展的活动主要通过幼儿体育活动、幼儿生活自理活动等开展。

一、体育活动的设计

体育活动是发展与指导幼儿动作的重要形式，是遵循幼儿身体生长发育规律，以增强幼儿体质、增进幼儿动作发展水平为目的而开展的活动。要坚持在保教结合的前提下，科学合理地组织幼儿园的体育活动，积极促进幼儿各方面素质的协调发展。

本节的体育活动主要指早操活动、户外体育活动及体育教学活动。

（一）早操活动设计

幼儿园早操活动是幼儿一日生活的开始部分，是在幼儿教师的组织引导下进行的早晨的专门性身体锻炼活动。一般来讲，早操活动主要是通过散步、排队和队形变化、幼儿体操、体育游戏或体能活动进行。

范例

晨间锻炼（小班）①

活动准备

做早操时用的音乐的光盘、单元筒、飞盘、体能环、体操垫、托球杆等。

活动内容

1. 引导幼儿听音乐做动作，做好准备活动。

（1）音乐《玩具进行曲》响起，幼儿一边听音乐做拍手动作，一边走成一个大圆圈。当走成大圆圈时，幼儿面向圆心站好。

（2）变换音乐，幼儿根据音乐做模仿动作，活动身体各部位。

2. 玩体育游戏，发展幼儿的身体素质，培养幼儿对运动的兴趣。

（1）集体游戏

游戏1：小汽车滴滴滴（练习“S”形走或跑）

幼儿用飞盘、小号体能环、体操垫做方向盘，在用单元筒摆好的路线上行进。提示幼儿身体不要碰到单元筒。

游戏2：蚂蚁运豆豆

幼儿单手拿住托球杆，托住小球，行进走到场地一端。放下小球，沿原路返回，将托球杆交给下一个幼儿，游戏继续进行。

（2）自由分散游戏

幼儿自由选择游戏材料，自由进行游戏活动。

3. 活动结束。

（1）音乐《虫儿飞》响起，幼儿收拾、整理材料。

（2）幼儿和教师一起做放松动作，活动结束。

① 活动提供者：北京市昌平区工业幼儿园　赵亚娟

（二）户外体育活动设计

《纲要》指出，幼儿每天的户外活动时间不少于两个小时，其中体育活动时间不少于一个小时，季节交替时要坚持。气温过热或过冷的季节或地区应因地制宜，选择温度适当的时间段开展户外活动，也可根据气温的变化和幼儿的个体差异，适当减少活动时间。

户外体育活动主要进行比较自主、自由的体育活动，教师在活动过程中起到直接指导或间接指导的作用，是对限定性比较强的晨练和早操活动的一个延伸和补充，更好地满足不同幼儿的需要。户外体育活动不同于体育教学活动，这里所说的户外体育活动主要是指非正规的、结构化的幼儿体育活动，在时间安排和活动安排上相对灵活和宽泛。

1. 户外体育活动的类型

（1）集体封闭式

活动特点是内容单一，往往在教师直接指导下进行一项活动，活动有较严密的组织性。这种活动形式多用于小班。

（2）分散开放式

活动特点是内容丰富，幼儿可根据自己的兴趣自选活动器材自由开展活动。活动进行时，可单独活动也可以自愿与小朋友结合进行合作活动。

（3）分组或分组轮换式

活动特点是两组或两组以上的幼儿同时进行两项以上的活动，活动与活动之间有时是相互独立的，有时可以相互轮换。

（4）循环式

活动特点是将“分组轮换式”户外体育活动不断发展和完善而逐渐形成的，灵活性更大、操作性更强、适应性更广的户外体育活动模式。它将活动的内容依次排列，且分组活动、依次循环，可将活动量大的活动与活动量小的活动相互间隔，上肢活动与下肢活动、局部活动与全身活动相互配合，更能保证锻炼的科学性和全面性。

2. 户外体育活动设计

范例

小小建筑工人（大班）

活动目标

1. 发展平衡及四肢协调活动的能力。

2. 发展勇敢果断的品质。

活动准备

1. 独轮车4辆。

2. 在距起点3米处的地面画出宽20厘米、长3米、高5厘米的窄道当作小桥（有一定的高度及斜坡），积木若干做砖（每个幼儿一块）。

3. 幼儿已有搭建楼房的经验。

活动过程

1. 带领幼儿活动身体。

教师带领幼儿在户外场地中跑步，做热身运动，重点练习上肢、下肢动作。

幼儿示范推独轮车，教师讲解。

将幼儿分成四组，在平地上练习推独轮车走的动作，理解这个动作对身体重心、平衡等的要求。

2. 玩游戏“运砖盖楼房”，学习推独轮车跑。

教师：小建筑工人们，我们刚刚接到一个任务，工地急需砖块盖楼房，请我们去送砖并盖楼房，看看哪组最先运到，并盖好楼房。

将幼儿分成四组，站在起跑线后，听到指令后第一个幼儿将砖放到车里，推着独轮车跑出，将车推过小桥，用砖搭建高楼，再推车回到原队。第二个幼儿在起跑线后推车出发。最先运完砖将楼房盖好的小组为胜。

教师要给幼儿提出相应的要求：每个幼儿每次只能运一块积木（砖），运完后从右边绕回来要走独木桥。本组幼儿可商量好搭建的主题，各队为搭建好的楼房取名字，并确定由谁来讲解。

各组讲解搭建主题，幼儿评选最佳楼房。

3. 游戏结束，幼儿推着小车、拿着积木离开场地。

活动建议

重点提示　（1）搭建的场地要平整，保证有足够的空间。（2）游戏再次进行时，幼儿要商量好搭建的主题。（3）在游戏中，个别幼儿会出现胆怯心理，教师要提供有效的支持，如给予具体明确的语言指导和鼓励，让幼儿明确动作要领。

日常活动　在室内外活动时，教师可继续尝试用其他材料在平衡木上玩的多种玩法，如推着轮胎过独木桥、背着沙袋爬过独木桥等。

（三）体育教学活动设计

体育教学活动是指幼儿在教师有目的、有计划的指导下，发展基本动作、增强体质，学习运动技能，培养品德、发展智能和形成个性特征的过程。

1. 体育教学活动过程的结构

体育教学活动过程的组织与普通体育课的结构一样，均由准备部分、基本部分和结束部分三部分组成。

（1）准备部分

准备部分又称开始部分，主要任务是将幼儿组织起来，通过一些律动或徒手操使幼儿从生理上和心理上都做好参与体育活动的准备。该部分准备时间不应太长，一般占整个体育教学活动的10%—20%。

范例

好玩的轮胎（大班）①

准备部分

引导幼儿对身体的各个关节进行热身，做好心理和身体的准备。

1. 热身跑：教师带领幼儿进行两路纵队变一路纵队跑、圆形跑、蛇形跑等活动。

2. 教师带领幼儿充分活动身体各个关节，包括头部运动、伸展运动、下肢运动等。

3. 幼儿操：在音乐《天使》伴奏下，教师带领幼儿做操。

（2）基本部分

基本部分主要任务在于完成本活动的主要教育和教学任务，通过一定的动作练习发展幼儿某一方面或几方面的运动技能，提高幼儿的身体素质、增强体质，并通过集体教育培养幼儿遵守规则、合作乐群的优良品质。

该部分内容主要包含新授课和巩固复习课，一般新授课要放在幼儿注意力集中、情绪饱满和体力充沛的时间进行，位于课的前半部分；巩固复习课或者活动量较大的活动一般位于新授课的后面。基本部分的时间一般占整个体育教学活动的70%—80%。

① 活动提供者：北京市昌平区工业幼儿园　刘岩

范例

好玩的轮胎（大班）

基本部分

1. 洪水来了——站轮胎：通过站轮胎游戏，培养幼儿的合作及平衡协调能力。

教师引导：小朋友模仿各种动物在绿草地里围绕轮胎跑步，跟着教师拍手的节奏跑，教师拍手停止就代表洪水来了，这时幼儿就迅速站在高地上（轮胎上），规定一个轮胎只能站两个人或3个人、4个人等，没能站在轮胎上的小朋友，在绿地里模仿游泳的样子。

2. 运物资——抬轮胎：通过合作抬轮胎游戏，提高幼儿手臂和下肢的力量，培养幼儿与同伴合作的能力，体验帮助他人的快乐。

（1）教师导入：洪水来了，今天我们要做小小的救援队，去给灾区的人民运送物资。你们敢不敢去?

（2）探索运送物资的最好办法。

方法： 两个人抬一个轮胎从场地的一边运到另一边，讨论两人抬轮胎最安全最快速的方法。

（3）练习两个人合作抬轮胎。

（4）4人运3箱物资，7人运6箱物资等。

小结： 表扬小朋友与同伴合作完成任务和不怕苦不怕累的品德。

（3）结束部分

结束部分又称放松整理部分，主要是通过一些放松身体的、舒缓的律动或徒手操来缓解幼儿身心高度兴奋或紧张的状态。此外，教师要在本环节对整个教育活动中幼儿的表现进行简单小结，激发幼儿参与下次活动的欲望。结束部分占活动时间的 10%。

范例

好玩的轮胎（大班）

结束部分

1. 幼儿跟教师一起做放松运动，调整呼吸。

如：抖动上肢和小腿、轻拍上肢和小腿、模仿打气球动作、想象在大自然中……

2. 教师总结，并充分肯定幼儿在活动中的表现。

3. 师幼共同回收器材。

2. 体育教学活动的指导要点

幼儿体育教学活动的活动量应由小到大，再逐渐减小，要合理安排运动负荷和强度，避免让幼儿出现疲劳。

要注意幼儿身体的全面发展，体育活动时要对游戏进行综合规划，让幼儿的上下肢活动衔接起来，促进幼儿身体的全面发展。如在安排跑的练习时，要尽量不要再选择跳跃的练习，因为二者都属于腿部的练习，可以适当选择投球、拍球等锻炼上肢动作的练习。

在加强幼儿身体练习的同时，还要注重对幼儿认知、情感、个性和社会适应性发展的教育，促进幼儿全面发展，快乐地成长。

要做好区别对待，幼儿的身体发育和运动水平有差别，要注意到个体差异。在体育教学活动中要有针对性地设计教学活动，力争让所有幼儿都能在自己的原有水平上有所提高。

要根据气候、季节的变化，灵活实施集体体育教学活动，如在冬季可以适当增加一些奔跑和跳跃的练习，在夏天天气炎热时可以选择一些钻、平衡、投掷等练习强度相对较小的练习。

二、培养幼儿生活自理能力活动的设计、范例和分析

幼儿生活自理教育主要是培养幼儿进餐、着装、睡眠、盥洗等基本生活能力，促进幼儿精细动作的发展。它是素质教育的重要组成部分，直接关系到幼儿的生活质量与身体动作的发展。

（一）幼儿生活自理能力教育的目标

1. 培养幼儿养成勤盥洗的习惯，如会用正确的方法洗手、洗脸，并做到早晚自己刷牙，学会自理大小便等。

2. 培养幼儿自我照顾的能力，如能自己用餐具进餐，能在成人的帮助下穿脱衣服和鞋袜，知道根据冷热增减衣服，会自己系鞋带等。

3. 培养幼儿整理生活用品与学习用品的能力，如能将玩具和图书放回原处，能整理自己的物品等。

《指南》对不同年龄阶段幼儿的生活自理能力目标进行了具体阐述（见表 5-14）。

表 5-14 不同年龄阶段幼儿的生活自理能力目标

年龄段	目　标
3—4 岁	1. 在帮助下能穿脱衣服或鞋袜。 2. 能将玩具和图书放回原处。
4—5 岁	1. 能自己穿脱衣服、鞋袜、扣纽扣。 2. 能整理自己的物品。
5—6 岁	1. 能知道根据冷热增减衣服。 2. 会自己系鞋带。 3. 能按类别整理好自己的物品。

（二）使用进餐工具

1. 实施方法

用筷子进餐不仅会使幼儿“心灵手巧”，还可以起到“健脑益智”的作用。学用筷子是幼儿生活的必修课程，但是，使用筷子需要一定的技巧，学习起来比较费时，教师需要有足够的耐心。指导幼儿学习使用筷子可按以下步骤进行。

指导幼儿拿筷子。将筷子头朝前，右手抓住筷子的中后部，拿起后如果两只筷子没有对齐，可将其在碗盘里戳齐。

教幼儿使用筷子。两根筷子同时从右手的大拇指和其余四指间穿过，上面的筷子靠在食指和中指之间，下面的筷子靠在无名指和食指之间，大拇指搭在两根筷子的中间偏上位置。下面的筷子固定，靠中指和食指控制上面的筷子夹取食物。

2. 指导要点

（1）多鼓励幼儿

幼儿初学使用筷子时，会出现动作不熟练的情况，如像使用勺子那样大把攥、手捏筷子的位置太靠下等，会使食物很容易被撒得到处都是，进食速度也会很慢。对此，教师要有耐心，不急躁、不批评，以鼓励为主，发现幼儿有进步时及时给予表扬。

如果有些幼儿不喜欢使用筷子，教师应允许他们继续使用勺子，然后利用各种机会逐渐引导其学会并喜欢使用筷子。

（2）提高幼儿手指小肌肉的灵活性

幼儿自理能力的发展是建立在身体动作发展的基础之上的，尤其是手的动作能力。在进餐过程中，教师除了培养幼儿使用餐具的能力之外，还应鼓励幼儿尽量多动手为自己服务，如鼓励幼儿自己剥鸡蛋皮、切黄瓜等。教师还可以在活动区中提供相应的游戏材料供幼儿练习。如先让幼儿用筷子夹爆米花、软糖等不容易掉落的东西，等他熟练后再将爆米花或软糖换成花生米、黄豆等比较光滑的东西，逐渐增加游戏的难度。

（三）穿脱衣服和鞋袜

能独立穿脱衣服和鞋袜是幼儿自理能力发展的重要表现。随着幼儿年龄的增长，幼儿穿脱衣服和鞋袜的自理能力会逐渐增强。对于小班幼儿来说，由于手部精细动作的控制力仍未充分发育，他们还需要在教师的协助下学习如何穿脱衣服和鞋袜。

1. 穿衣服的正确方法

让幼儿分清衣服的前后，前面朝前，将领口处贴近腹部，衣服自然下垂，双手抓住衣领，将衣服披在肩上，然后把手伸到袖子中穿好。扣扣子是个比较复杂的过程，需要教师引导幼儿不断练习，直到幼儿学会独立扣扣子。幼儿穿好衣服后，两手顺着衣服前襟的底边抓住两个下角，把两个角对齐，从最下面的扣子开始扣，从下到上把扣子扣好。

2. 脱衣服的正确方法

先解开纽扣或拉开拉链。解纽扣时从上往下解，拉拉链时教师要提醒幼儿一只手向外拉着衣服的前襟，另一只手拉拉链，这样做可以防止出现拉链剐蹭、夹伤皮肤的情况。解开纽扣或拉开拉链后，幼儿双手攥着衣襟向后拉将衣服脱至肩下，然后自己脱下衣袖，有困难的幼儿可以请教师或其他幼儿帮助拽着衣服的袖子脱下衣服。

范例

我会自己穿（小班）

活动目标

1. 学习穿脱衣服的基本方法。

2. 愿意独立穿脱衣服。

活动准备

1. 带领大班幼儿排练情境表演《不会穿衣服的小兔》。

2. 教师准备套头衫、开衫（系扣子的衣服）各一件。

活动过程

1. 请幼儿欣赏情境表演《不会穿衣服的小兔》，引出讨论话题。

教师：小兔为什么进不了游乐园?

教师：我们怎样做才是能干的好孩子?帮助幼儿懂得自己的事情要自己做。

2. 初步尝试穿脱衣服的方法。

请情境表演中扮演小猴和小熊的哥哥姐姐为幼儿示范穿脱衣服的方法，教师进行讲解。

教师小结穿脱衣服的要领，并用游戏的形式带领幼儿练习。

教师用“教教小兔”的形式，鼓励幼儿自己练习穿、脱衣服。教师观察，为幼儿提供个别帮助。

活动材料

[故事]　　　　**不会穿衣服的小兔**

游乐园开业了，那里有好玩的秋千、滑梯、过山车、海盗船……小动物们都盼望着去玩一玩。可是，这个游乐园很奇怪，不用买门票，而是给每位来玩的小动物分配一个小任务，只有完成任务的小动物才能进去玩。

小兔、小熊和小猴三个好朋友来到游乐园门口。门卫黑豹叔叔拿出三件漂亮的衣服对他们说：“这些衣服能保护你们的身体，请穿上，穿好就可以进去玩了。”小猴和小熊很快穿好了衣服，高高兴兴地进游乐园玩起来。可是，小兔进不去，因为他不会自己穿衣服。以前都是妈妈给他穿衣服，现在妈妈不在身边，小兔拿着衣服就是穿不上，急得他眼泪都出来了。黑豹叔叔帮小兔擦干眼泪，对他说："别哭了，赶紧去学习自己穿衣服吧！只有能自己做事的孩子才是能干的好孩子。"

小兔下定决心，以后一定要自己做事情，不再让妈妈帮忙。这不，他现在就来找小朋友学习穿衣服了。

（根据小艾同名故事改编）

参考资料

穿脱衣服口诀

1. 脱套头类上衣：抓紧袖口向下伸，藏起自己的小胳膊，抓紧领口往外钻，藏起自己的小脑袋。

2. 穿套头类上衣：衣服前面贴肚皮，抓住大口头上套，脑袋钻出大山洞，胳膊钻出小山洞。

3. 脱开衫类上衣：解开前面小扣子，双手背后拉袖子。

4. 穿开衫类上衣：大门向外抓领子，轻轻向后盖肩膀。一左一右伸袖子，咔嚓咔嚓系扣子。

5. 脱裤子：双手抓紧小裤腰，一下脱到膝盖下。再用小手拉裤脚，最后还要摆放好。

6. 穿裤子：找好前面小标记，一左一右穿进去。抓紧裤腰前后提，裤缝对着小肚脐。

3. 穿鞋的正确方法

教师首先要帮助幼儿学会分清鞋的左右，以免幼儿穿反鞋。对于小中班幼儿来说，教师应提醒家长为幼儿穿不需要系鞋带的鞋，到了大班以后，教师可以鼓励幼儿多练习如何系鞋带。

系鞋带的方法可以总结为"一个结，两个环，再一个结"。一个结：让幼儿两只手分别抓住鞋带的两头，两边交叉（哪一边在上面都可以），把上面的鞋带弯下来插到下面的鞋带下，然后把鞋带两头往两边拉紧；两个环：用鞋带两头各做一个大环，一手拿住一个环，这两个环很像兔子的两只耳朵；再一个结：两只“兔耳朵”交叉，把上面的环塞进下面的洞里，然后把两个环分别向外拉，直到把鞋带系紧。

范例

系鞋带（大班）

活动目标

1. 学习系鞋带的顺序和步骤，知道系好鞋带行动方便又安全。

2. 体验自己动手做事的快乐。

活动准备

1. 经验准备：幼儿午睡起床时，教师要求幼儿自己动手穿鞋，并系好鞋带；观察幼儿系鞋带的情况，了解幼儿是否掌握系鞋带的方法。

2. 物质准备：有鞋带孔的硬纸鞋板、鞋带和给布娃娃系蝴蝶结的材料若干；一张男孩摔跤了的图片，图中男孩的鞋带散开，没有系上；幼儿事先穿有鞋带的鞋。

活动过程

1. 讨论：他为什么摔跤？

（1）教师出示幼儿摔跤的图片，请幼儿仔细观察。

（2）教师：小朋友为什么会摔跤？

（3）幼儿讨论，知道系好鞋带才安全。

2. 操作：我们一起系鞋带。

（1）教师边说儿歌边示范系鞋带的步骤和方法。

（2）幼儿在教师准备的鞋板的孔中、布娃娃的脖子上或头发上练习系带子的方法。

（3）教师用儿歌提示幼儿系带子的步骤，特别是在说到“交叉绕一绕”时，提醒幼儿两只小手要抓紧带子不能放松。

3. 自己试一试。

（1）请幼儿换上有鞋带的鞋，试一试自己系鞋带，比一比谁先系好。

（2）教师对系鞋带有困难的幼儿进行指导（请幼儿互相看看同伴系鞋带的方法，鼓励幼儿自己动手学习系鞋带，必要时教师可进行示范、帮助）。

（3）请幼儿系好鞋带后走走、跳跳，感受系好鞋带后行动方便又安全，鼓励幼儿“自己的事情自己做”。

（4）请幼儿说说自己是怎样系鞋带的，交流一下系鞋带的感受。

活动建议

1. 教师提供的鞋带粗细、长短要适宜。

2. 在日常生活和游戏中引导幼儿用教师提供的材料经常练习。

3. 请家长放手多让幼儿自己练习系各种带子、扣子。

附：儿歌《系鞋带》

先打一个结，
再绕两个圈。
交叉绕一绕，
看谁系得牢。

活动分析

系鞋带是幼儿需要掌握的生活技能之一，幼儿通过练习系鞋带，可提高手眼协调能力及小肌肉的灵活性，促进大脑发育。此范例中，教师通过看图片、讨论等方式引导幼儿了解系好鞋带的重要性，通过说儿歌提示幼儿系鞋带的步骤。教师还提供多种练习材料，帮助幼儿逐渐掌握系鞋带的方法。

（四）收拾整理物品

从幼儿进入幼儿园开始，教师就应有意识地培养幼儿用完东西放回原处，以及收拾整理物品的意识。如在活动区中，教师可通过不同形式帮助幼儿有序收放活动区材料，以保证环境的安全、整洁、有序，以达到培养幼儿良好行为习惯、提高幼儿自理能力的目的。下面重点介绍幼儿就餐后以及区域活动结束后的收拾整理活动。

1. 整理餐桌和餐具

幼儿进餐后，教师应鼓励他们主动参与整理餐桌和餐具，这也是培养幼儿自理能力的好机会。教师可为幼儿提供可以集中放置餐具的小桌子、餐车或盆子，指导幼儿放回餐具时，轻轻摆放、不挤不抢，懂得谦让。

教师可以为每张餐桌准备一个放残渣的盘子或碗，供幼儿放置鱼刺、骨头、调料或没有吃完的少量食物。幼儿吃完饭后，教师要鼓励他们主动收拾好餐具，并用小毛巾将桌上的残渣擦入盘中，然后将餐具送到指定地点，分门别类摆放好。

为了方便幼儿清楚餐具分类摆放的方法，教师可在收餐具的地方，按照餐具摆放的顺序贴上标志，引导幼儿正确分类。盘子摞盘子、碗摞碗、勺子或筷子按顺序摆放，不要头尾颠倒。

2. 收拾整理活动区材料

教师可以与幼儿共同设计玩具摆放的位置，在玩具箱上贴上标记，便于幼儿取放。同时，幼儿在收拾整理物品的同时也是在学习简单的分类、对应、排序。

幼儿制作的活动区收放玩具标志可结合不同年龄班幼儿的年龄特点，体现不同的形式与内容。如小班可以结合一一对应、5以内点数颜色认知等适宜的认知目标，对应制作小标志，引导小班幼儿有序收放玩具；中班可结合对整体与部分的认知、点数、认识图形等目标，对应制作小标志，引导幼儿有序收放；大班除了可以融入认知目标外，还可根据大班幼儿的认知发展水平，提供整体材料收放图片，引导幼儿通过观察图片中玩具的摆放形式，整齐收放区域材料。

范例

爱跳的大皮球（小班）①

活动目标

1. 练习双脚行进跳，并学习双脚向上跳过障碍物的动作。

2. 激发幼儿积极勇敢地参与体育游戏，体验活动的快乐。

活动准备

1. 材料准备：音乐《火车开了》和《宝宝热身操》、红黄蓝颜色皮球图片各三个，红黄蓝色的海洋球若干个，草莓、苹果、香蕉图片各一个，一个带哭脸的皮球。

2. 根据活动内容进行场地布置。

活动过程

一、热身活动

1. 听音乐《火车开了》跑进场。

教师：小朋友们，跟着老师来，我们开着火车一起去玩游戏。

2. 根据音乐《宝宝热身操》进行热身运动。

① 活动提供者：江西省南昌市红谷滩云溪幼儿园 张美珍

二、基本部分

1. 以情境“找朋友”导入活动，激发幼儿学习双脚向前行进跳的兴趣，并介绍活动场地。

教师：看看老师手里拿的是什么呀？（皮球）它怎么啦？（哭了）你们知道它为什么会哭吗？因为它想自己的好朋友红球、黄球和蓝球了。你们能帮助它吗？（能）

2. 教师带领幼儿沿着箭头来到活动场地并介绍：小朋友，要到达红球、黄球和蓝球的家，得经过一条像迷宫一样的路。哦，你们看，有三条路，一条草莓路，一条香蕉路，一条苹果路，它们都能到达好朋友的家，你们可以自己选择路。现在我们该怎么过去呢？

3. 幼儿自由探索寻找到达好朋友家的方法，教师巡回指导。

4. 教师边示范边总结玩法：首先我们要双脚并拢，膝盖稍弯曲，然后向前跳，跳过障碍物也要双脚并拢，膝盖稍弯曲，然后双脚并拢向上跳，最后原路返回排队。

5. 游戏：帮小皮球找朋友。

（1）教师进行示范并提出要求：让所有的小朋友自由选择香蕉组、苹果组、草莓组，然后让他们分别都站在相对应的起始点上，再双脚并拢向前跳过每个呼啦圈，然后再双脚并拢向上跳过障碍物，最后随手从地上的筐里拿起一个海洋球放进与它们颜色相对应的筐子里，并迅速地返回到起点继续游戏。告诉幼儿注意在游戏的过程中，避免与他人发生碰撞。

（2）教师请能力强的几个幼儿进行示范。

（3）幼儿开始游戏，教师进行适宜指导。

6. 小结：小朋友刚才表现得都很勇敢，现在我们一起来看看你们帮小皮球找对朋友没有，不对的及时纠正。游戏可以反复玩2—3

次（这时香蕉组、苹果组、草莓组可以调换路线，而且可以增加障碍物的高度来满足不同幼儿的需要）。

三、放松活动

幼儿听音乐放松之后离开操场，回到教室。

活动分析

1. 活动选材方面：陈鹤琴先生说，幼儿以游戏为生命，多游戏，多快乐。本活动正是以游戏贯穿始终，增加了活动的情趣。同时，此阶段的幼儿已经渐渐萌发了一定的规则意识，因而活动中提出了一定的规则要求。此外，随着幼教改革的不断深入，由过去发展基本动作、增强体质的单一价值观逐步转向以健身为主，全面育人的价值观。因此，在本次活动中，幼儿不仅要掌握跳的动作技能，而且还能体验到帮助他人的快乐情感。

2. 活动目标方面：根据《指南》中动作发展的目标和本班幼儿的现有水平制定了符合本班幼儿的目标，通过幼儿在活动中的表现，目标定位正符合幼儿的发展能力。

3. 活动效果方面：紧紧围绕活动目标，将幼儿帮助大皮球寻找好朋友这个情境游戏贯穿于整个活动中。层次十分清晰，一环扣一环。将游戏贯穿于整个活动，吸引幼儿兴趣，幼儿参与的积极性、主动性都很高。

4. 教育手段和应对策略方面：由于小班幼儿的年龄特点及他们认知发展水平的限制，在游戏中总会出现这样或那样的问题，需要教师介入给幼儿提供适宜的帮助和指导，才能保持幼儿游戏的更大兴趣。教师在幼儿遇到困难时巧妙地介入，既能体现幼儿的主体性又能体现教师的指导性。

第六章

生活习惯和生活能力：关键经验与活动指导

现代幼儿健康教育的主要目的是培养幼儿的健康意识和自我保健能力，促进身体发育、增进健康。其中，自我保健能力即“生活习惯和生活能力”，是指科学地认识、养护和锻炼身心的能力。

所谓习惯乃积久养成的生活方式，泛指某一群体、组织、民族或国家的风俗、社会习俗、道德传统和行为模式等。博登海默说，习惯乃是为不同阶级或各个群体所普遍遵守的行为习惯或行为模式。生活习惯指的是一个人在日常衣食住行活动中，由于日积月累的不断重复而形成并巩固下来，变成需要的行为方式。生活自理能力是指自己料理个人生活、自己管理自己的能力，是每个人独立在社会上生活最基本的能力。生活自理能力是幼儿适应自然、适应社会的表现，也是独立性的重要方面。

良好的生活习惯是幼儿身体健康的前提和保证。幼儿身体生长迅速，性格可塑性大，既是养成良好生活习惯的关键年龄，又是沾染不良习惯的危险期。因此，幼儿教师和家长要经常关注幼儿的生活习惯，及时指出不良的生活习惯，帮助幼儿习得健康的生活习惯。

第一节　幼儿生活习惯和生活能力的关键经验及影响因素

幼儿生活习惯和生活能力的关键经验包括饮食、睡眠、盥洗、作息等日常生活习惯及个人、学习、公共等卫生习惯以及生活自理能力，每一项关键经验都有特殊性及相关的影响因素。

一、幼儿饮食习惯的关键经验及影响因素

幼儿日常生活习惯是指幼儿的饮食、睡眠、盥洗、作息等习惯，考虑到本书第二章已对幼儿睡眠习惯进行了详细阐述，本部分仅对幼儿饮食习惯展开论述。

（一）幼儿饮食习惯

幼儿饮食习惯是指幼儿对食品和饮品的偏好。其中包括对饮食材料、烹调方法、烹调风味及佐料的偏好。良好的饮食习惯有助于幼儿的膳食平衡，有利于消化器官的活动和预防疾病，也有利于幼儿良好道德品质与文明行为的形成。幼儿不良饮食习惯是指幼儿在日常生活中养成的，对自身身体健康不利的饮食习惯。不良饮食习惯有很多，如偏食、挑食、快食、蹲食，好吃零食、咸食、烫食，节日暴饮暴食，喝生水，生吃未洗的瓜果蔬菜，吃腐败变质的不洁食物等。

（二）幼儿饮食习惯的影响因素

1. 不同地域的饮食文化

不同地区、不同地理环境饮食习惯不一样。同是幼儿，对膳食的喜好

却不同。如北方的幼儿更钟爱面食，南方的幼儿更喜欢米饭。中部地区的人们喜欢辣味食物，在这里生长的幼儿多数也能吃辣食，且较偏爱口味重的食物。

2. 家庭饮食偏好

家长的饮食观念、教育行为及饮食结构对幼儿饮食习惯的养成至关重要。比如，在饮食结构上，有的家庭偏爱动物性食物，幼儿也多数表现为偏食动物性食物；有的家庭喜欢吃五谷杂粮，在此类家庭中生长的幼儿也多半会喜欢吃五谷杂粮。

3. 不同年龄幼儿的饮食特点

1—4 岁的幼儿特别喜欢味道鲜美、色彩分明、刀法规则、熟软、温和的食品。如蛋羹、肉丸子、包子、饺子、馅饼、春卷、馒头等；5—6 岁的幼儿随着年龄的增长越来越喜欢吃形式多样，色、香、味、形均佳的饭菜，且能逐步适应干稀搭配，并喜爱花样面点与各种配菜，而且这一时期的幼儿会每天关心自己的饮食。

二、幼儿卫生习惯的关键经验及影响因素

（一）幼儿卫生习惯的关键经验

幼儿卫生习惯主要包括个人的生活卫生习惯、学习卫生习惯及公共卫生习惯。

1. 生活卫生习惯

讲究个人卫生，养成勤洗手、勤洗头、勤洗澡和勤换衣、勤剪指甲、勤理发、清洗外阴（尤其是女孩）等清洁卫生习惯；进食后漱口；饭前便后洗手，手脏了及时洗干净；保持服装整洁；咳嗽、打喷嚏时，会用手帕或纸巾捂住口鼻；不挖鼻孔。

2. 学习卫生习惯

学习卫生习惯是指养成良好的阅读、绘画、写字、唱歌等习惯，坐、站、

行、睡姿势正确；注意用眼卫生；保持书籍、文具和玩具的清洁，养成自己整理活动用具的习惯。

3. 公共卫生习惯

相比个人卫生习惯的养成，幼儿公共卫生习惯的养成同样重要。在公共场所不讲卫生，不但会影响自己的健康，还会影响别人的健康。幼儿的公共卫生习惯包括不能随地吐痰、乱扔垃圾等。

（二）幼儿卫生习惯的影响因素

1. 幼儿自身发展的局限性

幼儿良好卫生习惯的养成受幼儿自身的动作、认知、情绪等水平影响。如小班幼儿思维以具体形象思维为主，需要用动作来帮助。如教幼儿如何正确洗脸时，教师只讲解洗脸的步骤，而没有实际操作，那么幼儿就不会了解如何正确地洗脸。

此外，情绪对幼儿心理和行为的影响非常明显。如当教师教幼儿如何正确洗手时，洗得正确的幼儿得到教师的鼓励，而洗得不认真的幼儿遭到教师的训斥，这时，遭到训斥的幼儿会产生抵触情绪，从而不喜欢洗手。

2. 幼儿园及周围环境

幼儿机体的可塑性很大，如果幼儿长期受外界环境的不利影响，会损害身心健康。幼儿好模仿，当看到周围一些不良的卫生行为习惯时，他们会去模仿，如果这时没有立即制止，告诉他这种做法是错误的，长此下去，不利于幼儿良好卫生行为习惯的养成。

3. 家庭教育

幼儿期是培养幼儿良好生活卫生习惯的关键时期，不良习惯一旦养成将很难纠正。如果家园对幼儿所提要求不同，就会造成幼儿“无所适从”或行为表现两面性的局面。如在幼儿园幼儿睡醒后自己穿衣服、鞋子，在家中家长就包办。这种家园不一致的现象，会削弱或抵消教师所做的努力。而很多家长不重视培养幼儿的卫生习惯，如上完厕所不洗手等，也会使幼儿失去学习的机会。

三、幼儿生活自理能力的关键经验及影响因素

（一）幼儿生活自理能力的关键经验

幼儿的生活自理能力是指幼儿在日常生活中照料自己生活的自我服务性劳动的能力，它是一个人应具备的最基本的生活技能。幼儿的生活自理能力首先表现为愿意自己的事情自己做，尝试不依赖他人照料自己，这一点在一日生活的所有环节中都有所体现，包括自己穿脱衣服、鞋袜，收拾整理衣服，独立进餐，自己洗脸等。幼儿生活自理能力的形成，有助于培养幼儿的责任感、自信心及自己处理问题的能力，对幼儿未来的生活也会产生较深远的影响。

（二）幼儿生活自理能力的影响因素

1. 幼儿精细动作的发展

幼儿的动作发展规律是由大到小。幼儿还不能做特别精细的动作，如系纽扣时只能将纽扣靠近洞边却系不进去，这在一定程度上影响了幼儿自理能力的养成。

2. 家长教养观念

家庭结构、教育方式、家长文化程度等家庭因素对幼儿生活自理能力的养成都有一定的影响，其中，家长的教养观念对幼儿生活自理能力的影响较为显著。目前，大多数幼儿是独生子女，许多家长把家庭教育片面理解成了对幼儿进行读书、写字、画画等知识技能的训练，忽视进餐、穿衣、睡觉和个人卫生等生活自理能力的培养。还有很多家长认为幼儿还小，长大了再干不迟。甚至有的幼儿在幼儿园里自己能做的事情，回到家里却衣来伸手、饭来张口，使得在幼儿园养成的良好习惯半途而废。

3. 幼儿园的生活常规

虽然《纲要》《指南》都提到了要将幼儿生活自理能力的培养放在第一位，但有些幼儿园仍过分重视知识学习与技能训练，忽略了幼儿生活自理能力的培养。还有些幼儿教师认为幼儿的生活自理能力不需要刻意去培养，由

于这种无意识，造成幼儿生活自理能力的缺失。

第二节　促进幼儿生活习惯和生活能力发展的途径和方法

《纲要》明确指出，要培养幼儿良好的饮食、睡眠、盥洗、排泄等生活习惯和生活自理能力。教育幼儿爱清洁、讲卫生，注意保持个人和生活场所的整洁和卫生。密切结合幼儿的生活进行安全、营养和保健教育，提高幼儿的自我保护意识和能力。因此，教师要有意识地以适当的方式帮助幼儿形成良好的生活卫生习惯，逐步形成自觉遵守科学而有规律的生活秩序的意识，从小形成科学的健康观，使其受益终生。

一、培养幼儿良好饮食习惯的途径和方法

（一）定时、定量、定点，合理组织幼儿进餐

幼儿饮食要遵守定时、定量、定点。定时进餐指进餐要有一定的时间，两餐之间要有一定的间隔，定点即幼儿进餐要有一定的地点和固定位置，定量要根据幼儿的基本进食量来进行配餐，这样有利于幼儿胃部对食物的消化平衡。在幼儿园不给幼儿提供零食，也要求幼儿不从家里自带零食，以免造成幼儿因为吃多零食而积食。

（二）了解幼儿进餐时的心理特点

在营造良好的进餐环境前，必须先主动了解幼儿进餐的心理特点。幼儿期的进餐心理主要有以下特点。

1. 好奇心强，喜欢吃花样多变和色彩鲜明的食物

幼儿对食物的色彩、形态特别注意。花样多变的面食、造型有趣的糕点、

搭配美观的菜肴，都很受幼儿的欢迎。

2. 味觉灵敏，对食物的滋味和冷热很敏感

幼儿的味觉很灵敏，他们不仅对食物的甜酸反应明显，而且对苦、咸和有异味的食物也很敏感。凡是成人认为较热的食物，他们都认为是烫的，不愿尝试。因此，不宜给幼儿吃太冷或太烫的食物。

3. 喜欢吃刀工规则的食物

幼儿对某些不常接触或形状、颜色奇特的食物，如木耳、紫菜、海带等常持怀疑态度，不愿轻易尝试。因此，需要在幼儿品尝前进行餐前教育，激起他们想吃的欲望。

4. 喜欢用手拿食物吃

生黄瓜、番茄、卤猪肝等食物，可以拿在手上吃，因此，幼儿对这些食物普遍感兴趣。利用幼儿这一就餐心理特点，对营养价值高但幼儿又不爱吃的食物，如猪肝等，可以让幼儿用手拿着吃。

5. 大都不喜欢吃盛得过满的饭

幼儿看到盛得过满的饭常常会感到很委屈，生怕吃得慢或吃不下而受到指责，却喜欢一次次自己去添饭，并自豪地说“我吃了两碗、三碗”。因此，成人给幼儿准备第一碗饭时要根据幼儿的胃口盛得适中，留下机会让幼儿自己去添饭，以培养幼儿进餐的自信心和动手能力。

6. 挑食的幼儿进餐易情绪紧张

那些胆小、体弱、有偏食、挑食习惯的幼儿，进餐时特别容易紧张。尤其是碰到不爱吃的肥肉、萝卜、大蒜等时，他们往往边吃边想办法“消灭”这些东西，有时趁人不注意将它们扔到餐桌下，或塞在口袋里。如果成人再强迫他们进食，他们往往哭闹。幼儿的情绪紧张，会使交感神经过度兴奋，从而抑制胃肠蠕动，减少消化液的分泌，产生饱胀的感觉。因此，根据幼儿进餐时的心理特点来搞好食物调配与烹饪，是创设健康进餐环境的重要内容。

（三）关注幼儿的用餐情绪，创设健康的进餐环境

进餐环境的优劣直接影响到幼儿的膳食质量。进餐环境包括物理环

境和心理环境两方面。健康的物理环境是要餐厅光线充足，空气流通，温度适宜。餐桌与食具清洁美观，大小适当，室内布置优雅整洁；健康的心理环境指气氛和谐，不强迫幼儿进食，不体罚或批评，使幼儿情绪愉快。

1. 餐前活动

进餐环境中的噪音、喧闹、拥挤和污染会使幼儿大脑皮层抑制，影响膳食的质量和消化吸收。餐前的谈话活动可以使幼儿较为兴奋的情绪逐渐恢复到平静。因游戏的结果而产生的消极状态慢慢转化为积极状态，以保证幼儿带着愉悦的心情用餐。帮助幼儿调节情绪，让幼儿在良好而愉悦的情绪下进餐是餐前安静活动的主要目的。此外，还可播放一些轻松、优美的音乐，以促进幼儿食欲。

2. 用餐过程

在进餐过程中，师幼之间要相互交流，融知识教育、情感交流、行为与习惯的训练于一体。要根据各个年龄班幼儿自身的特点，正确对待不同饭量的幼儿。进餐时，对生病的、个别食欲不好的幼儿应为他们提供清淡可口的饭菜，不要强迫他们吃掉全部食物。若幼儿长期饭量不大，但精神状态良好，应尊重幼儿本身的意愿，能吃多少就吃多少。

二、促进幼儿良好卫生习惯养成的途径和方法

（一）常规训练，注重幼儿卫生习惯的养成

幼儿园健康教育是生活教育，幼儿卫生习惯的养成应当在来园、盥洗、喝水、进餐、睡眠、离园等日常生活的每一环节中渗透。将卫生习惯的培养目标和内容分解到一日生活的各环节中，用常规的形式固定下来，使幼儿每天从来园到离园一天中的每个环节都有练习的机会。通过日复一日、经常性的重复练习，不断刺激幼儿大脑皮层，形成动力定型，促使幼儿以正确的行为方式逐步掌握基本生活技能，使幼儿轻松自如、活泼愉快地生活在集体

之中。

而对于幼儿不太容易理解的卫生常识、不太容易掌握或需要系统训练的卫生行为，则借助于教师有计划、有目的、精心的教学设计，更好地引导、启发幼儿探索、理解和掌握。

（二）榜样激励，巩固幼儿的良好卫生行为

班杜拉的“社会学习理论”认为，人有很多复杂的行为是不可能通过条件反射和操作条件反射的作用简单地加以控制或改变的，必须通过观摩、示范和学习，通过模仿才能获得。幼儿的学习具有模仿性强和易受暗示的特点，教师的一言一行都直接影响着他们，教师怎么说、怎么做，他们都会去学，而且学得惟妙惟肖。因此，在与幼儿共同活动中，教师要注意自己的言行举止。如针对个别幼儿每次洗手，不是手洗不干净，就是拧开水管玩水的现象，教师可给幼儿讲故事《小水管哭了》，教幼儿学说儿歌《我有一双小小手》，教育幼儿既要节约用水，又要养成经常洗手的良好卫生习惯。同时，教师还应表扬大部分幼儿手洗得又干净又快，并可以小组为单位进行比赛，比一比哪组幼儿的手洗得又干净又快。在平时洗手时，为了约束玩水的幼儿，教师可以有意识地请他们当“小小检查员”让他们负责检查小朋友的洗手情况……经过多次的说理教育和有意识的检查，幼儿会逐渐养成勤洗手、讲卫生的好习惯，个别幼儿也会改掉玩水的不良习惯。

（三）注重集体健康行为指导与个别健康行为指导有机结合

一般来说，幼儿卫生习惯和能力教育是以集体健康行为指导为主，但由于幼儿常常存在个人特殊的健康问题，若针对这些特殊问题逐一进行集体教育又太浪费时间，因此必须在集体教育的同时对幼儿进行有的放矢的个别教育。如对有问题行为的幼儿多关心，纠正个别幼儿含手指、含被角等不良行为。

三、培养幼儿生活自理能力的途径和方法

（一）增强幼儿的生活自理意识

1. 对幼儿进行正面教育，增强幼儿的生活自理意识

故事、儿歌对幼儿具有无穷的魅力，故事中形象真实的人物与动物深深感染着幼儿，作品中角色的行为会使幼儿受到感染、教育。因此，教师可经常给幼儿讲生动有趣的故事或朗朗上口的儿歌，以强化幼儿的自理意识。

此外，还可以通过“我是乖宝宝”“我长大了”“我学会了……”等谈话活动，利用提问、讨论、行为练习等形式，让幼儿意识到自己有能力做好一些事情，为自己会做力所能及的事情感到高兴。

2. 发挥榜样力量，巩固幼儿的生活自理意识

通过分辨不同行为（能自理的与不能自理的），巩固幼儿的生活自理意识，如可以为幼儿准备表现不同行为的图片等，让幼儿在比较中提高对自理行为的认识。

（二）向幼儿传授生活自理的技巧

要让幼儿做到生活自理，必须让其明确生活自理的方法。也就是说，即使幼儿有了自理意识，如果缺少自理的技巧，就是想做也做不好，因此，还要让幼儿学会具体的生活自理方法。

1. 寓教于乐，让幼儿习得自理的方法

根据幼儿的年龄特点，可以把一些生活自理技巧编成儿歌、歌曲或设计成饶有趣味的情节等，让幼儿在游戏、娱乐中学习本领。

2. 因材施教、有的放矢，进行个别指导

由于幼儿之间存在个体差异，因此，对于各个层次幼儿的要求要有所区别。对于自理能力较强的幼儿，以较高水平来要求。对于自理能力较差的幼儿，就相对降低要求的标准，不可强求，更不可鄙视，需因材施教。

3. 循序渐进，逐步提高要求

获得初步的生活自理技巧之后，要注意提高幼儿做事情的速度、质量等。获得成功的愉快感是推动幼儿生活自理能力提高的动力，当幼儿取得点滴进步时，一句“你真棒”“你真能干”……都会使幼儿对自己充满信心，成为激励幼儿自觉掌握自理能力的强大推动力。但当幼儿限于自身能力，无法达到预期目标时，则要耐心细致地引导，还可辅以鼓励性语言，如“你行的”“我相信你会干好的”等，必要时可以协助幼儿去完成，以免挫伤幼儿的进取心。

（三）巩固幼儿的生活自理行为

技能的形成是一个反复的过程，还要注意以后的巩固练习。教师要经常督促、检查、提醒幼儿，使幼儿良好的习惯得到不断强化，逐步形成自觉的行为。

1. 在日常生活中训练幼儿的自理能力

幼儿在 3 岁左右便开始寻求摆脱成人的监护，他们愿意自己做好自己的事，如常听见幼儿说“我自己来”。让幼儿在成人的帮助下学习如何进餐，如收放餐具，自取食物，互相鼓励不浪费粮食，不挑食等；要使幼儿养成自己的事情自己做好，不依赖成人的好习惯。教师不仅要重视“保”——给幼儿无微不至的照顾，更要重视“育”——教育幼儿独立、自信。

日常生活活动中隐含着许多教育契机，需要教师有灵敏的观察力和反应能力，善于抓住、捕捉这些教育契机，对幼儿进行随机教育促进其积极练习、提高技能。如在小便、洗手、喝水等环节，尽量让幼儿自己动手来提高这些方面的能力。幼儿小便后提不上裤子，教师就教他用两手向上提前边和后边，幼儿渐渐地就掌握了这一技巧。

总之，教师要做到“心中有目标、眼中有幼儿、处处有教育”，在与幼儿交往中做个有心人。

2. 在区域活动中为幼儿提供自理生活技能的练习机会

游戏在幼儿身心发展中占有重要的地位，起着积极的促进作用，以游戏的形式学习比其他形式更加有效，有利于幼儿健康认知水平的提高，有利于幼儿健康态度、行为习惯的改善和养成。如在“娃娃家”中，教师为幼儿准备娃娃的衣服，包括裙子、上衣、裤子等，教师和幼儿一起玩布娃娃穿衣服的游戏。在玩的过程中，让幼儿知道衣服各部位的名称，如衣领、衣袖、裤腿、纽扣等，并告诉幼儿穿每一部位的方法。经过反复练习，幼儿会很快掌握诀窍，这时候教师再教他们自己穿衣服就会事半功倍。

第三节 幼儿生活习惯和生活能力教育活动的设计与指导

一、幼儿生活习惯和生活能力教育活动的设计

像其他关键经验的活动设计一样，幼儿生活习惯和生活能力教育活动的设计也需要从目标、准备、内容、过程及评价几方面进行把握。

（一）活动目标的确定

幼儿生活习惯和生活能力教育，主要着力于培养幼儿良好的作息、睡眠、排泄、盥洗、整理物品等生活习惯；帮助幼儿了解初步的卫生常识，学会多种讲究卫生的技能，养成良好的生活、学习及公共卫生习惯；帮助幼儿逐步学会用餐、盥洗、整理等自我服务方法，提高幼儿的生活自理能力。每一个有关这方面能力培养的教育活动在实施前一般都有确定的目标，即使是生成性的活动，教师心中也有设想好的目标，尽管活动开展过程中有经验的教师会根据幼儿的反应随时调整目标。

1. 目标要尽可能全面

活动目标在内容上一般包含认知、情感态度和能力三个方面，但并不意味着每一个活动都需要在上述三个方面确定目标。

2. 目标要具体、可操作

在活动目标设计时要突出重点，尽量做到具体、可行。如大班活动

“手绢真干净”有这样的目标：“知道自己长大了，能做力所能及的事情，会管理自己的物品。”这一目标的确定太过于笼统，似乎也适合于其他的身体保健教育活动。可如此一来，教师在组织教学的过程中就很难操作。可修改为“能自己洗手绢，愿意做力所能及的事”。

3. 目标要适宜

目标要适合幼儿的发展，不宜过高或过低。如大班活动“保护牙齿”的活动目标“学习正确的刷牙方法”显然低于大班幼儿的发展水平；而中班活动“认识自己的身体”的活动目标“了解人体内部各器官的名称、结构及主要功能”则远远高于中班幼儿的发展水平。

4. 目标表述应精练

大班活动“我做牙科小医生”的活动目标“知道饭后不刷牙、睡前不刷牙、含糖睡觉会导致蛀牙，使牙齿疼痛”，可直接简化为“初步了解龋齿形成的原因。”

5. 表述方式应统一

一般而言，目标可分为发展目标与教育目标，目前比较提倡站在幼儿的角度表述，即发展目标。

发展目标行为的主体是幼儿，常以“学习（学会）”“体验”“感受”等方式表述。如大班活动“我做牙科小医生”的活动目标“初步了解龋齿形成的原因”。

教育目标的行为主体是教师，常以“引导”“鼓励”“教会”等方式表述。如大班活动“我做牙科小医生”的活动目标之一“激发幼儿爱护牙齿的意识，增强幼儿护齿的意识”。

（二）活动的准备

1. 教师的准备

教师的准备主要从三个方面进行。一是物质的准备，在活动开展前准备好各种教具、玩具等；二是环境创设的准备，包括座位的摆放、环境布置、情境表演、角色的扮演等；三是知识经验的准备，即关于幼儿生活习惯和生活能力的关键经验、发展特点及实施要求的储备情况。

2. 幼儿的准备

幼儿的准备包括生活经验的准备，如有自理的兴趣等；物质准备，如幼儿自己动手制作的材料；心理准备。

（三）活动过程设计

1. 有效导入，唤起幼儿的生活体验

在幼儿生活习惯和生活能力教育活动中，恰当的活动导入不仅可以吸引幼儿的注意，激发幼儿的活动兴趣，也为教师了解幼儿的已有经验提供帮助。要发挥导入环节的最大效用，意味着要保证导入环节能够唤起幼儿的生活体验，是幼儿亲身感受到的，与幼儿的生活建立密切联系，只有这样才会激发幼儿的兴奋点。如小班健康活动“我会漱口”，通过简短的故事《去小熊家做客》的情境导入。教师借用小熊的口吻引导幼儿照镜子观察自己的牙齿，接着请幼儿吃饼干，让牙齿变黑后再引导幼儿观察自己的牙齿，通过对比让幼儿感受吃完东西不漱口的后果，让幼儿懂得漱口的必要性，从而具备愿意漱口的意识，为后面活动的顺利开展做好铺垫。

2. 逐层展开，引发幼儿参与的兴趣

围绕幼儿生活习惯和生活能力的关键经验，依照心理逻辑顺序展开活动过程。如围绕“保护牙齿”，可以开展“牙齿切碎机”（认识牙齿，了解牙齿的名称和部位）、“龋齿的形成”（知道保护牙齿的重要性）、“如何漱口”“怎样刷牙”“牙齿加油站”（牙齿健康生长所需的营养）、“如何预防牙列不齐”（良好的用牙习惯）、“我的牙掉了”（大班幼儿了解和正确对待换牙现象）等一系列活动。通过一系列活动的开展，帮助幼儿坚持每天用正确的方法刷牙，掌握保护牙齿、预防龋齿的方法，初步形成关注牙齿健康的意识，养成保护牙齿的好习惯，为其一生能拥有一副健康整洁的牙齿打下基础。

二、幼儿生活习惯和生活能力教育活动的范例和分析

范例 1

我会自己穿脱衣服（小班）

活动目标

1. 体验自己穿脱衣服的快乐。

2. 学习正确穿脱衣服的顺序。

活动准备

1. 经验准备：幼儿已有穿脱衣服的经验。

2. 材料准备：教师自编故事《穿穿脱脱》、自编儿歌《穿穿脱脱》，小兔子的毛绒玩具一个，游戏提示卡两张（一张提示卡的画面是一个准备脱衣服睡觉的幼儿；另一张提示卡的画面是一个准备起床穿衣服的幼儿）。

活动过程

1. 讲述故事《穿穿脱脱》的前两段内容，引导幼儿了解脱衣的顺序。

（1）教师操作小兔子毛绒玩具，讲述故事《穿穿脱脱》的前两段内容。

教师：请小朋友听听故事里的小动物们是按照怎样的顺序脱衣服的。

（2）根据故事内容，教师引导幼儿了解脱衣服的顺序。

教师：大象老师为什么要奖励给每个小动物一个小贴画？正确的脱衣服顺序是怎样的呢？

小结： 脱衣服时，要先脱袜子，再脱裤子，最后脱上衣。有顺序地脱衣服可以保护小动物的身体健康，避免着凉。

2. 结合生活经验，引导幼儿猜一猜小动物是怎样有顺序地穿衣服的。

教师：小动物知道有顺序地脱衣服可以不生病。小朋友猜一猜小动物又是怎样有顺序地穿衣服，保护好自己的身体呢？（幼儿自由表达自己的观点）

3. 讲述故事《穿穿脱脱》的后两段内容，引导幼儿了解穿衣服的顺序。

（1）教师操作小兔子毛绒玩具，讲述《穿穿脱脱》的后两段故事内容。

教师：请小朋友听听故事里的小动物们是按照怎样的顺序穿衣服的。

（2）根据故事内容，引导幼儿了解穿衣服的顺序。

教师：大象老师奖励给哪个小动物一个大大的拥抱呢？正确的穿衣服顺序是怎样的呢？

小结： 穿衣服时，先穿上衣，再穿裤子，最后穿袜子。有顺序地穿衣服可以保护好小动物的身体健康，避免着凉。

4. 看图片做动作，引导幼儿体验按顺序穿脱衣服的快乐。

（1）教师分别出示两张游戏提示卡，帮助幼儿理解其表示的内容。

（2）教师介绍游戏的玩法：游戏开始前，教师（或一名幼儿）将两张提示卡的画面朝下，当教师（或一名幼儿）宣布游戏开始后，教师（或一名幼儿）迅速翻开其中一张提示卡，参加游戏的幼儿根据游戏提示卡的内容，用动作表示有顺序地穿衣服（或脱衣服）。

（3）游戏过程中，教师和幼儿边朗诵儿歌《穿穿脱脱》边做动作。

①当游戏提示卡的内容是请幼儿有顺序地穿衣服时，教师可引领幼儿边朗诵有顺序穿衣服的儿歌内容边做动作。

②当游戏提示卡的内容是请幼儿有顺序地脱衣服时，教师可引领幼儿边朗诵有顺序脱衣服的儿歌内容边做动作。

活动建议

幼儿在做动作时教师要注意观察幼儿穿脱衣服的动作顺序，及时肯定按顺序做穿脱衣服动作的幼儿。如果幼儿没能按顺序做穿脱衣服的动作，配班教师要及时进行个别指导。

活动延伸

1. 在午睡环节，可鼓励幼儿迁移故事中习得的经验，像小动物们一样能有顺序地穿脱衣服，保护自己的身体。

2. 在娃娃家，有针对性地提供娃娃或者小动物玩偶，引导幼儿在娃娃家给娃娃或者小动物有顺序地穿脱衣服。

3. 在睡眠室的墙面上粘贴小朋友穿脱衣服的顺序图，提示小朋友按照正确的顺序穿脱衣服。

4. 在家长园地中将《穿穿脱脱》的儿歌内容和家长分享，鼓励家长在家庭中和幼儿边说儿歌边玩《穿穿脱脱》的游戏，帮助幼儿掌握正确的穿脱衣服的顺序，提高幼儿按顺序穿脱衣服的速度。

附：故事《穿穿脱脱》

动物幼儿园里，小动物们吃过午饭准备脱衣服睡午觉。大象老师说："孩子们，你们在幼儿园学到了很多本领，今天来试试自己脱衣服，不用老师帮忙好不好?"小动物们都说好。小兔子三下两下就把上衣脱完，再脱掉袜子和裤子，举起手大声说："大象老师，我是第一名！"小猫和小兔不一样，小猫先脱掉袜子，然后脱裤子，最后才脱上衣。大象老师先称赞了所有小动物都能自己脱衣服，奖励给他们每人一个小贴画，然后微笑着问小猫："你为什么要先脱袜子、裤子，最后才脱上衣呢?"小猫说："因为最后脱上衣就没那么容易着凉了!"大象老师在小猫的脸上亲了亲说："你真会照顾自己!"小兔和小熊也向小猫竖起了大拇指。小猫高兴地笑了。

小动物们从美美的午觉中睡醒啦！大象老师说："怎样穿衣服，才能不着凉呢?"小兔说："先穿上衣，就能让身体暖和。"小兔想了想又说："不对，不对，可先穿裤子，就能让两条腿暖和。"小猫喵喵地叫着，不慌不忙地说："先穿上衣，然后去卫生间小便，最后再穿裤子、袜子，这样又暖和又方便。"

大象老师眯眯地笑着，给了一个小动物一个大大的拥抱。请小朋友说说这个拥抱给了哪个小动物？为什么？

附：儿歌《穿穿脱脱》

铃铃铃铃时间到，宝宝脱衣要睡觉。
先来脱掉小袜子，再来脱掉小裤子。
最后脱掉小上衣，呼呼呼呼睡大觉。
铃铃铃铃时间到，宝宝起床把衣穿。
先来穿上小上衣，再来穿上小裤子。
最后穿上袜两只，暖暖和和身体棒。

活动评析

整个活动设计动静交替，由浅入深，引导幼儿积极主动参与。

1. 活动目标及内容

符合小班幼儿现有发展需要。在日常生活中，教师注意观察幼儿在有顺序穿脱衣服中存在的问题，制定了本节教育活动的幼儿发展目标。在活动过程中，绝大多数幼儿表现出积极参与的学习状态。

首先，当教师讲述故事《穿穿脱脱》的前两段内容时，幼儿能围绕教师的提问，比较准确地回答出脱衣服的顺序；其次，幼儿又结合生活经验和故事情节，大胆地猜想穿衣服的顺序；最后，通过聆听《穿穿脱脱》的后两段故事内容，主动练习穿衣顺序。

2. 活动过程

首先，运用多种形式，激发幼儿对活动的兴趣。有顺序地穿脱衣服对于小班幼儿来说有些抽象，不好理解。本活动利用故事、儿歌、游戏等多种形式，变抽象的说教内容为形象的、可被幼儿模仿、感受、体验的内容，激发了小班幼儿参与活动的积极性；其次，通过多个途径引领、鼓励幼儿主动参与活动的过程。在本活动的设计中，教师并未直接将正确的穿脱衣服顺序教给幼儿，而是在“猜一猜”“听一听”“试一试”的环节中，鼓励幼儿主动参与活动过程。在“猜一猜”的环节中，教师鼓励幼儿结合自己的生活经验，表达自己的想法。在“听一听”的环节中，教师利用故事的形式，引导幼儿感受有顺序穿脱衣服的方法和有顺序穿脱衣服对身体的重要性。在“试一试”的环节中，通过辨析性的提示卡，激发幼儿参与游戏的愿望，鼓励幼儿利用动作现场体验穿脱衣服的顺序。

范例 2

我是牙齿小卫士（中班）

活动目标

1. 学习保护牙齿的方法。

2. 逐步形成早晚刷牙的好习惯。

活动准备

1. 经验准备：请幼儿收集有关牙齿结构的图片，丰富幼儿对自己牙齿的知识经验。

2. 材料准备：录制本班幼儿刷牙环节视频片段，小镜子人手一面，奥利奥糕点每人一块，保护牙齿的方法图片（用正确的方法刷牙、早晚刷牙饭后漱口、不吃过多甜食、正确选择牙刷和牙膏、定期进行口腔检查、不咬硬物避免外伤），刷牙记录表。

活动过程

1. 视频导入：播放幼儿刷牙视频片段，和幼儿一起回顾刷牙环节。

播放视频，请幼儿观看后，提问：我们为什么要刷牙？

小结： 小朋友天天都要刷牙，让牙齿清洁，预防蛀牙。

2. 组织幼儿玩游戏“牙齿探秘”。

（1）先请每个幼儿品尝一小块糕点，然后照镜子观察自己吃完糕点后的牙齿。

（2）请幼儿漱口并观察自己的漱口水，说一说自己的发现和感受。

小结： 吃完东西后嘴巴里会留下食物残渣，影响口腔卫生。

3. 组织幼儿讨论：怎样保护牙齿。（幼儿讨论自己保护牙齿的方法，教师出示相应的图片）

小结： 保护牙齿的方法包括用正确的方法刷牙、早晚刷牙饭后漱口、不吃过多甜食、正确选择牙刷和牙膏、定期进行口腔检查、不咬硬物避免外伤等。

4. 活动结束：播放《刷牙歌》，请幼儿漱口，喝水。

活动延伸

1. 在盥洗室的墙面上粘贴“牙齿小卫士”刷牙记录表，鼓励幼儿不仅要会刷牙，还要认真刷牙，并且每天记录自己刷牙的情况。

2. 引导家长在家观察幼儿刷牙的表现，用照片和视频记录下来；请家长在家提醒幼儿饭后漱口，坚持早晚刷牙，和幼儿一起填写刷牙记录表。

活动分析

此活动内容来源于幼儿的生活。刷牙是中班幼儿健康生活教育的重要内容之一，教师通过观察、分析幼儿在刷牙时的行为表现，抓住了帮助幼儿解决生活中的问题的关键。活动目标符合中班幼儿的年龄特点和发展需要。

活动过程中，教师录制了本班幼儿刷牙的视频，直观、形象地再现了幼儿的刷牙过程，引发幼儿的兴趣、好奇与关注。此外，教师还通过图片讲述保护牙齿的方法，视觉效果强烈。整个活动，教学策略丰富，体现了教师对中班幼儿学习特点的把握和支持幼儿在活动中主动建构知识的教育意识。

在活动延伸中，教师通过创设环境，如盥洗室的刷牙记录表，重视让幼儿在日常生活中实践。此外，还充分利用家长教育资源，向家长提供刷牙记录表等，让家长重视幼儿生活习惯的培养，使家园教育达成一致，共同为幼儿养成良好的卫生习惯而努力。

第七章

安全教育：关键经验与活动指导

受认知水平及生活经验的限制，幼儿好奇心强，喜欢探索，自控能力差，缺乏对危险事物或行为的认识和判断能力，使得这一时期成为意外事故的高发阶段。《指南》在健康领域的“生活习惯与生活能力”中提出了要促使幼儿“具备基本的安全知识和自我保护能力”的发展目标。因此，幼儿园必须制定相应的安全制度，采取有效措施防止意外事故的发生。同时，在日常生活中利用一切机会对幼儿进行安全教育，使幼儿逐渐积累安全意识和能力的关键经验，具备一定的自我保护能力。

第一节　幼儿安全意识和能力的关键经验及影响因素

了解幼儿安全意识和能力的含义，以及幼儿安全意识和能力关键经验的具体内容和影响因素，是对幼儿进行安全教育的前提。

一、幼儿安全意识和能力与幼儿安全教育

（一）幼儿安全意识和能力的含义

“安全”在《现代汉语词典》里的解释是指没有危险、不受威胁、不出事故的一种生存状态。现代安全的定义是指没有危险、不受威胁、不受伤害、不出事故，即消除能导致人员伤害，发生疾病或死亡，造成设备或物质财产破坏、损失，以及危害人的心理和环境的条件，还包含着人们的一种心态、理念、价值观等。

安全意识是指个体对安全知识的掌握及保证自身安全的基本行为的认识。能力是一种个性心理特征，是顺利实现某种活动的心理条件。所谓安全能力即自我保护能力。其中，自我即自己，保护即为尽力照顾、使之不受损害。幼儿自我保护能力就是指幼儿能尽力照顾、成功地使自己不受损害所必需的主观条件。这其中不受损害的范围包括生理和心理两方面，也就是说幼儿自我保护能力应分为生理的自我保护和心理的自我保护两大类。总的来说，幼儿的安全意识和能力是指幼儿对安全的认识、理解和对周围环境中各种安全因素的敏感、判断及回避等自我保护能力，是保障幼儿自身生命安全、维护自身健康必备的基本能力。

（二）幼儿安全教育的含义

所谓安全教育，就是针对遭遇突发性事件、灾害性事故时所表现出来的应急、应变能力的教育，避免自身的生命财产受到侵害的自我保护、安全防卫能力，健康心理状态和抵御违法犯罪能力的教育。《指南》针对幼儿的生活环境与发展需要，从与人交往的安全、活动或运动的安全、交通安全以及求助、防灾等角度提出了不同年龄阶段幼儿学习与发展的目标。

幼儿安全教育的目标是培养幼儿安全意识和自我保护能力，塑造幼儿安全行为。幼儿安全行为包括预防性安全行为和安全自救行为。预防性安全行

为是指幼儿在日常生活中表现出来的旨在保护自身生命的安全行为，如不将异物放进口鼻中、安全用电、外出遵守交通规则等；安全自救行为，即在出现意外灾害时能沉着应对，学会自救避险，如拨打急救电话、火灾自救、地震避险等。

（三）幼儿安全意识和能力关键经验的确定

幼儿应掌握的安全知识与技能，既包括对自然环境和主体感觉等方面变化（或异常情况）的感知与处理，也包括对社会环境中不安全因素和危险处境的认识与应对。

幼儿安全意识和能力的关键经验是与幼儿生活、学习密切相关的，一般包括：①安全意识和能力的知识，包括对自我身体的认识、生活中的安全知识，对自然灾害等意外事故的认识等；②自我保护能力，包括紧急制动、躲闪能力、追逐、寻求帮助等；③心理自我保护能力，包括陶冶性情、挫折的自我调节、社会的适应力等。

二、幼儿身体认识与保护的关键经验及影响因素

（一）幼儿身体认识与保护的关键经验

身体认识与保护是指幼儿有积极探索生命现象的兴趣，认识身体外形和人体的主要器官及其功能，保护五官，爱牙、护牙，注意用眼卫生，不将异物塞入耳鼻内等；初步了解身心疾病和缺陷的预防知识，能愉快地接受身体健康检查和预防接种；积极配合疾病预防与治疗，知道快乐有利于健康。具体包括以下内容。

1. 用眼卫生

学会保护自己的眼睛，学会防止眼外伤；不用脏手或脏手绢擦眼睛；玩沙时不要用沙子去撒别人；眼病传染季节，少到或不到公共场所去，也不要到亲朋好友家串门，并每天滴1—2次氯霉素滴眼液，预防眼病传染；注意正

确的读写姿势。

2. 保护牙齿

学会保护牙齿，懂得牙齿不能接受刺激物，吃过冷、过热、过硬的食物会引起牙齿酸痛；要学会控制自己，少吃零食，尤其要控制食糖量，并做到睡前不吃甜食；纠正不良习惯，如吸吮手指、咬手指甲、咬嘴唇等。

3. 保护耳朵

学会保护耳朵，防止异物进入耳朵，尤其是洗头水或洗澡水；不要掏耳屎，以防划破耳道、鼓膜；不要转圈奔跑，以防止耳内淋巴液失衡而眩晕跌倒；防止噪音刺激，听音乐或看电视时音量不可过大。放鞭炮、敲锣鼓或雨天打雷时，捂住耳朵或张开嘴。

4. 性教育

懂得男女有别，不随意玩弄自己的生殖器，以免造成细菌感染。自己的身体要保护好，不能让别人随便看，不论男孩还是女孩。《指南》提出了"告诉幼儿不允许别人触摸自己的隐私部位"，这是以前有关幼儿教育的文件中从来没有涉及过的内容。对于幼儿来说，这是最重要的性教育内容，也是最符合年龄特点和实际需要的内容。

（二）幼儿身体认识与保护能力的影响因素

1. 幼儿安全意识薄弱，自我保护能力差

幼儿的年龄特点是造成易受伤的主观原因。幼儿活泼好动，对周围的事物有着强烈的好奇心，什么都想看一看、摸一摸、试一试是幼儿的年龄特点。同时，幼儿的能力和体力都十分有限，动作的灵敏度和协调性较差，又缺乏生活经验，因此，幼儿常常不能清楚地预见自己行为的后果，往往会诱发危险因素。对突发事件不能做出准确的判断，当处于危险中时，也缺乏保护自己的能力。

2. 家庭教育"保护"大于"自护"

从家庭教育现状来看，一方面由于如今的在园幼儿大多已经是我国第二代独生子女，一家人围着一个孩子转，面对社会上的各种不安全因素，家长往往过度紧张。一旦遇到突发性问题又不知所措，缺少基本的常识和经验，因此家庭中成人对幼儿的过度保护现象较为普遍。为了不出现意外，许多家长减少了幼儿户外活动的机会，幼儿身体的协调性、灵活性得不到应有的发展，丧失了本能的自我保护意识与能力；另一方面由于社会的压力，家长们工作也很忙，业余时间还要学习、进修，往往没有时间和精力带幼儿进行活动，也变相地剥夺了幼儿发展的权利和机会。

3. 幼儿园安全教育重心偏移

从幼儿园教育现状来看，面对各种不安全因素以及来自家长、社会的压力，虽然幼儿园时刻绷紧安全之弦，把安全当作头等大事来抓，在做好各种安全防范工作的同时，建立健全安全制度，落实岗位责任，保证硬件设施的安全等，但侧重点都是针对在园幼儿安全方面的，真正为家长宣传、提供安全教育方面的指导少之又少。

不少教师在安全教育行为上还存在差距，往往把安全教育当作只顾眼前利益的应急教育，缺乏长远和系统的目标。为了不出现意外事故，部分教师在开展户外体育活动时顾虑重重，对于一些活动量大的体育活动更是放不开，这直接影响了幼儿身体的健康发展。在怕出事故的思想影响下，幼儿园虽然考虑了环境创设、制度管理中的安全因素，但对幼儿却过于管头管脚，把幼儿置于被动的地位，忽略了幼儿安全意识的培养和自我保护教育。

三、生活中自我保护的关键经验及影响因素

（一）生活中自我保护的关键经验

生活中自我保护的关键经验包括三个方面：一是进餐、睡眠、离园等生活活动环节的自我保护；二是积木区、图书区、操作区、表演区、建构区等主要活动区中的自我保护。如在游戏中如何安全玩积木，怎样安全使用剪刀、牙签、曲别针等游戏材料，看书时怎样保护好自己的眼睛等；三是户外活动中的自我保护。

1. 生活活动的自我保护

良好的生活、卫生习惯与幼儿安全意识和能力的发展是紧密结合、相辅相成的。从幼儿自我保护教育的角度去培养幼儿一日生活常规，成为幼儿最基本的自我保护教育的内容。这里主要围绕饮食、着装、居住、出行中涉及的自我保护经验展开。

（1）饮食自护

识别腐败变质的食物和饮料的简单方法及防烫、防噎、防呛、防咬舌和腮的知识；安静进食，细嚼慢咽，进食前先看、闻或摸食物或饮料，了解它们是否变质或太热；不喝生水，养成不把不干净的物品放到嘴里的行为习惯；养成良好的饮食习惯，如在进食热汤或喝开水时，必须先吹一吹，以免烫伤；吃鱼时，要把鱼刺挑干净，以免鱼刺卡在喉咙里；进食时，不嬉笑打闹，以免食物进入气管等。

（2）着装自护

受凉、在烈日下久晒会生病，应随气温变化及时增减衣服；烈日下活动要戴遮阳帽；鞋不合适应请家长更换，鞋内有沙或石子要及时取出，以防脚受伤。

（3）居住自护

住楼房时知道以下行为不安全，并养成不做这些行为的习惯：爬窗台、钻爬阳台的护栏、从楼道的护栏上向下滑、从台阶上向下跳、从楼上向下抛物泼水、上下楼不守秩序、开关门时手伸在门缝里。

（4）出行安全自护

应掌握的知识、技能和养成的习惯：行路中不安全的因素有路面上的障碍物，坑、洞、临时搭放的木板、石块；行驶的车辆，跑动的牲畜，高处掉下的东西，拥挤的人群；应识别的交通安全标志，如红绿灯、人行横道标志、禁止通行的标志、危险标志；在街上走路时注意力集中，注意看路面障碍，不东张西望；遵守交通规则；乘车时遵守乘车安全规则。具体来讲，主要包括以下三个方面。

①了解基本的交通规则

“红灯停、绿灯行”，行人走人行道，上街走路靠右边，不在马路上踢球、玩滑板车、奔跑、做游戏，不横穿马路等。

②认识常见的交通标志

各种标志符号是为了适应社会发展的需要而产生的。幼儿是社会成员的一部分，因此也必须学会认识各种标志，以便更好地熟悉周围的环境，适应复杂的社会，更好地保护自己。

红绿灯信号标志。各种车辆红灯停、绿灯行，而行人要在红灯停时抓紧时间横穿马路，并且要在人行横道通过。如果在马路当中车辆很多，来不及穿过时，要在安全岛或两条安全线中间停止行走，待车辆远行，再过马路，切勿乱跑。

交通事故多发区的特殊标志。十字路口、急转弯、向左拐等危险地段，会有明显标志。事故多发地也有明显标志。行人车辆都要严格遵守这些标志，见标志要减速、刹车或停止行驶……尤其是幼儿要加强自我保护，安全行走。

③遵守交通规则

帮助幼儿初步形成交通安全意识，养成遵守交通规则的良好习惯。在对幼儿进行交通安全教育时，可选用一些儿歌、故事和游戏以增加趣味性，也可请交通警察到幼儿园来授课，进行模拟表演。

2. 活动区中的自我保护

（1）操作区

知道剪刀、牙签、曲别针、大头针等工具的安全使用方法，在取放这些工具时学会保护自己和他人的安全；工具收放整齐、有序。

（2）积木区

知道在拿取积木时要两手一起拿，轻拿轻放，不扔玩具，避免碰撞；搭高时注意周围小朋友，不碰伤小朋友；游戏中小朋友之间不争抢玩具，学会协商，合作游戏。

（3）图书区

知道在光线好的地方看书；养成正确的看书姿势，不趴着看书；知道眼睛离书保持一尺的距离；知道一页一页地翻看图书，不咬图书；看书后不揉眼睛，及时洗手。

（4）表演区

不随意触摸电线和插销；知道要远离电线；知道有特殊情况发生时应及时告诉成人和老师；将乐器放在指定的地方；正确地使用各种乐器，不将乐器放入口、鼻中；在选择乐器有异议时，通过教师协助或自己尝试来解决，不能用乐器伤人；用带线绳的道具时，不将线绳缠绕在自己和他人的身上；不拿道具打闹。

（5）建构游戏区

游戏中不咬、不摔玩具。拼插玩具时不用力过猛，不用手指抠玩具；与同伴友好、谦让、不争抢；将玩具分别摆放，收放到固定的位置；知道不将玩具塞进口、鼻、耳中，会保护自己的身体。

3. 户外体育活动中的自我保护

（1）准备活动

会根据冷、热及运动情况增减衣服；整理好服装，穿合适的鞋，系好鞋带；活动好肢体及各个关节；喜欢参加体育活动，感受运动游戏的快乐；知道运动后不能马上喝水，如感到身体不适要告诉老师；地上的东西不乱吃；不乱摸草地和操场中不知名的小昆虫。

（2）走

一个跟着一个走，知道调整前后距离，自然走步；眼睛看着前方走步，会走有坑、有水的各种路面。

（3）跑

眼睛看着前方，两臂在体侧前后摆动自然地跑；跑时会调整距离，会躲闪跑；不小心摔倒或要摔倒时会手先扶地。

（4）跳

会自然跳起，前脚掌先落地，屈膝缓冲，轻轻落地；不做冒险动作，不从过高处往下跳。

（5）钻

会低头、弯腰，屈膝钻过障碍物；会目测障碍物的前后左右距离，钻过时不碰头，不被卡住。

（6）爬

眼睛看着前方，会调整与前后小朋友之间的距离；在干净、平整的地方爬，防止手被硌伤。

（7）平衡

在适当的高度上行走，两臂侧平举，身体保持平衡；在平衡木上行走，调整好前后距离，以免摔倒。

（8）投掷

眼看前方，手持物体，脚蹬地，用力投出，注意避开小朋友；会正确使用跳绳做游戏，防止跳绳绊倒自己或他人。

（9）集体游戏

积极、勇敢地参加体育活动，不怕困难；活动时不插队，不拉小朋友；集体游戏时会认真倾听游戏规则，有序地活动；要和老师、同伴一起游戏，知道不去危险的地方（如墙角、树下……）。

（10）综合体育活动

会使用正确的活动方法在各种大型器械上活动；玩大型器械时，要眼看准，手扶好，脚站稳，有秩序地上下；会选择适合自己的活动器械，不逞能；在活动中会躲闪，不碰撞。

（二）幼儿生活中自我保护能力的影响因素

1. 好奇心强，喜欢冒险

幼儿生长发育十分迅速，活动欲望强烈，但身体协调性差、自我保护意识薄弱。这个时期的幼儿好动、好奇心强，喜欢冒险，有不怕危险和勇于猎奇等心理特性，使得他们在突发事件来临时无法躲避和应对，从而受到伤害。

（1）自伤行为

随着幼儿年龄的增长，自我意识有所增强，自我行为在日常生活中也不断出现，这些意识和行为的出现，使得幼儿能够不断地适应生活环境。然而在教学过程中，教师如果不加以注意和引导就会出问题，如一些幼儿出于热心，会学着大人的模样，主动给周围的小朋友倒热水或用水果刀削水果招待小伙伴，结果往往是得不偿失而“祸及自身”。幼儿了解世界，除了用眼看、用手摸，还喜欢用嘴尝，因此误食、误服也是意外伤害的重要原因之一。从玩具零件、纽扣、笔帽、图钉，到老鼠药、农药、外用药，乃至胶水、汽油、水银、强酸、强碱等，幼儿误食、误服的东西可谓五花八门。

（2）他伤行为

活泼好动是幼儿的天性，通过游戏不仅使他们增长智慧、增强体能，同时也增进了同伴间的友谊。然而，他们在玩乐的过程中，同样不可避免地会发生一些意外，如一些幼儿在玩耍、追逐奔跑的过程中，因未能注意路滑而导致摔倒，也有的由于忘情地游戏致使相互间发生碰伤。

（3）互伤行为

在嬉戏玩耍的过程中，幼儿常常会因为相互间争玩具或是“舌战”等，为了体现一下自我强大的一面，有时竟升级为“角斗”，其结果往往导致“两败俱伤”。

2. 生活环境中潜在的危险隐患

陈鹤琴先生说：“幼稚教育是一种很复杂的事情，不是家庭一方面可以单独胜任的，也不是幼稚园一方面能单独胜任的，必定要两方面共同合作方能达到充分的功效。”当幼儿发生意外时，家长往往埋怨是幼儿园安全教育的缺失，其实幼儿安全事故同样也会发生在家庭中。幼儿安全教育需要家庭和幼儿园的合作，也同样需要政府的大力支持、社会的关注。

3. 保教人员责任感不强，对幼儿安全教育不到位

有的教师安全意识淡薄，不注重幼儿安全教育，没有教会幼儿掌握自我保护的方法，同时对幼儿的安全教育又有畏难情绪。为了避免或减少幼儿在运动中出现安全事故，就限制幼儿到户外活动，在活动中时时对幼儿有很多的约束和限制。然而，消极防范是不利于幼儿发展的下策，殊不知，这些经常受到限制的幼儿一旦获得片刻的自由，便容易引起失控行为，造成一次又一次的事故。

四、意外事故自我保护的关键经验及影响因素

（一）意外事故自我保护的关键经验

1. 防丢失

防丢失知识：丢失主要的原因有私自外出，贪看热闹，离开同伴和家人或教师；被人群挤散；被坏人拐骗，发生意外事故跑散等。

防止丢失方法：紧跟家人、教师或同伴，不独自走开；在大人指定的地方活动；不跟陌生人走。

丢失后求助的知识：记住家庭地址、电话号码、父母姓名、所在幼儿园的名称，主动向警察叔叔或大型服务机构的服务员叔叔阿姨求助。

2. 防拐骗和防伤害

陌生人有好人也有坏人，有些坏人会装作好人行骗。要学会识别坏人，要防坏人，也要防止误解好人的好意；不随便与陌生人接触，不轻信陌生人，学会拒绝陌生人给的东西。

独自在家时，要有礼貌地拒绝给陌生人开门；要有礼貌地拒绝陌生人送的东西；拒绝陌生人的拥抱；被人强行抱走或拉走时，要大声呼喊求救。在公共场所，一旦与家人走散，不能随便告诉陌生人，应该向警察叔叔或商店里的售货员阿姨反映，让他们帮助寻找家人。为防止幼儿迷失，抚育者应让幼儿熟悉家里的电话，并告诉他有任何危难时，可打“110”找警察叔叔帮忙。

3. 灾害自护

遇到水灾、火灾、风灾、地震、车祸等时，不慌张哭叫，要紧跟家人寻求保护；不怕雷声、闪电；与家人失散时，应走向有人声、灯光的地方去呼救；不慎陷进坑洞时，不要惊慌，要倾听，如有人声或走步声时要大声呼救；同伴不慎落进坑内或溺水时要大声呼救。平时应养成勇敢、沉着、机智的品质。

（1）消防安全

消防安全包括以下关键经验。

①懂得玩火的危险性。

②掌握简单的自救技能。如一旦发生火灾要马上逃离火灾现场，并及时告诉附近的成人；当发生火灾，自己被烟雾包围时，要用防烟口罩或干湿毛巾捂住口鼻，并立即趴在地上，在烟雾下面匍匐前进。

③了解火灾的形成原因、消防车的作用、灭火器的使用方法及使用时应注意的事项等。

④知道烫伤后迅速用凉水冲或浸泡患处；知道“119”火警电话，认识防火标志。

（2）用电安全

用电自我保护的关键经验包括不能随便玩电器，不拉电线，不用剪刀剪电线，不用小刀刻划电线，不将铁丝等插到电源插座里等；一旦发生触电事故，不能去拉触电的人，而应及时切断电源，或者用不导电的东西挑开电线；在室外遇到雷雨天气，不要在大树下或周围有电线杆的屋檐下避雨，以免遭雷击。

（二）幼儿意外事故保护的影响因素

1. 幼儿身体各种机能水平较低

在幼儿发生的事故中，摔伤头、磕掉牙、骨折、坠落、溺水、车祸等在一定程度上是由于幼儿体质较弱，体能发育不完善，运动机能差引起的。在这个阶段，幼儿的身高大约年增长 4—7 厘米，体重年增加 4 公斤左右。由于幼儿的各项生理机能的发育速度很快，因此新陈代谢比较旺盛，但是由于生物机体的机能发育还不成熟，对外界环境的适应能力以及对疾病的抵抗能力都较弱。这个阶段幼儿的骨骼硬度较小，若受到外伤，就会引起骨骼变形或骨折；肌肉的发育还处于不平衡阶段，大肌肉群发育得早，小肌肉群发育还不完善，而且肌肉的力量差，特别容易受损伤。

2. 监护人防范意识薄弱，缺乏必要的安全知识

许多家长安全意识薄弱，根本想不到幼儿会发生意外。儿童意外伤害的发生大多是因为家长、教师或其他监护人缺乏防止儿童意外伤害的意识和知

识。如曾经有过这样的事故，幼儿站在椅子上，趴在阳台的窗台上张望爸爸，当时他的妈妈正在厨房烧菜。由于没有给窗台加防护栏，家长也没有叮嘱幼儿要注意安全，幼儿不幸从四楼翻下来摔死。类似的悲剧不胜枚举，均说明家长的安全意识淡薄，缺乏基本的安全知识。

3. 幼儿安全知识存在空白区，缺乏一定的防范能力

幼儿意外事故发生率的高低与幼儿园、家庭的教育方式有密切的关系。幼儿本身安全意识极其薄弱，对生活中可能出现的危险缺少应有的防范知识，不知道躲避风险。调查发现，家长、教师对幼儿安全方面的状况缺乏了解，往往过高估计幼儿的自我保护能力，成人自认为幼儿懂得自我保护，而轻视对幼儿安全方面的教育。

第二节　促进幼儿安全意识与能力发展的途径和方法

一、促进幼儿身体认识与保护能力发展的途径和方法

（一）认识身体各个部分及其重要性

首先要让幼儿意识到自己身体各个部分的重要性。通过一些操作活动让幼儿指认自己身体的主要部位、观察镜子中的自己、说说自己身上有什么，初步意识到身体各器官都非常有用，是缺一不可的，从而进一步认识自我、了解自我。同时，捕捉幼儿的关注点，了解幼儿对自我认识的现有水平和认知兴趣。尝试用身体某个部分直接感知物体，如用手触摸物体的大小、用耳朵听各种声音、用脚学跑跳等，让幼儿在亲身经历中体验发现的乐趣，初步树立自我保护的意识。

（二）日常生活中对幼儿进行随机教育

在一日生活中，对幼儿进行随机的、有针对性的自我保护教育。如课间活动时，不追逐打闹；上下楼梯时按楼梯上的示意图靠右扶着栏杆轻轻走；不从很高的楼梯台阶上往下跳；就餐时不大声说笑；不触摸电源插孔，不把发夹、螺丝等塞入插孔内等。

另外，抓住日常生活中的偶发事件、突发事件对幼儿进行自我保护教育，也是非常好的素材。幼儿在来园离园的路上常发生一些脚受伤的事故，原因大多是幼儿坐在父母的自行车上，脚乱摆放而辗在自行车车轮中，轻则辗去皮，重则伤及骨。幼儿通过谈话活动、观看录像、自由讲讲，明白了脚是身体的重要组成部分，要保护它不受伤害，进而迁移到要保护好双手，要安全地使用剪刀，不拿着尖的东西乱跑；吃东西时不大声讲话和发笑，不能把铅笔、筷子当玩具等。同时知道了不能用脏手揉眼睛，不能把珠子、豆子等小东西塞入耳朵中玩，也不能把别针、纽扣、硬币等含在嘴里等，万一发生意外，应及时告诉家长或老师等。

（三）给予幼儿情感安全

由于幼儿敏感于成人的言行，他们会因为成人的担忧焦虑而产生一种不安全感，因此要给幼儿以情绪情感上的安全经验。如刚入园的小班幼儿，到了一个陌生的新环境，妈妈还要离开，有的幼儿一定会感到害怕、没有安全感。教师可以经常用拥抱、微笑等身体接触，给幼儿确定的安全感，让他确定老师是爱他的，自己是被关爱的。同时让幼儿了解一日生活的每一个环节，减少他们因无法预知而产生的恐惧。对于有过危险经历的幼儿，教师要告诉幼儿，老师如果这样也会很害怕（幼儿见成人也害怕，会给幼儿以安慰），但是，我们要安静下来，会有人来帮助我们……让幼儿获得安全感。

二、促进幼儿生活中自我保护能力发展的途径和方法

（一）环境中培养安全意识

英国著名环境教育学者卡斯提出的环境教育模式所倡导的“关于环境教育”“为了环境教育”和“在环境中的教育”中，作为环境教育策略层面的“在环境中的教育”尤为适合幼儿阶段的环境教育，这是由幼儿的身心发展特点及幼儿教育的性质所决定的。引导幼儿自主地欣赏、观察日常生活中具体的环境要素和环境问题，并采取行动，调整自己的行为方式。为此，可精心创设相应的物质环境，对幼儿进行生动、直观、形象、综合性的教育，培养安全意识。

（二）一日生活中安全自我保护意识的培养

培养幼儿的安全自护意识应从培养其良好的常规习惯开始。在幼儿园中，首先要让幼儿明确一日生活各个环节和各项活动的具体要求，知道怎样做才安全，怎样做不安全。如正确有序地穿衣服能保护身体；鞋带系得牢可避免跌倒摔伤；从冰箱中拿出的东西先闻一闻、看一看，避免食物中毒；热汤热水吹一吹再喝能避免烫伤；吃饭不嬉笑打闹可避免气管进异物。因此，教师要尽量做到“幼儿能做的事让他自己做”，决不包办代替，让幼儿在自己的劳动实践中建立起良好的生活习惯，从而实现自我保护。

（三）户外体育活动中的自我保护教育

户外体育活动不仅能锻炼幼儿的身体，而且因为直接受阳光和新鲜空气等自然因素的刺激，有利于幼儿的生长发育和身心健康。幼儿可根据自己的兴趣、爱好和能力自由选择游戏，教师可根据幼儿活动量的大小随时组织幼儿玩一些情节较为复杂的游戏，如“过城门”“老鼠笼”“老鹰抓小鸡”等。但同时，幼儿由于玩得非常专注、非常投入，也容易发生一些碰撞、擦伤等

现象，球类活动中此类现象更多。

为了更好地开展好活动，对幼儿进行自我保护教育就显得尤为重要。如追逐跑时，要求幼儿拍到对方即可，不要非抓牢不放，另一方被拍到后也应立即停止，不再奔跑；在追逐跑时要注意不要和别的幼儿碰撞，要学会躲避和闪让。又如在玩球类游戏时，应先和幼儿讨论玩法，要注意不要让球砸到自己，也不能把球踢到别人的头上、身上等。要把握方向，在抛接球、滚球和踢球中，要注意速度和力度，以防韧带和关节扭伤、肌肉酸痛等。

三、促进幼儿面对意外事故时自我保护能力发展的途径和方法

（一）准确把握幼儿安全意识与能力的发展水平

研究发现，幼儿对自我安全保护措施的认知主要在小班到中班发展较快，而对自我安全保护措施的原因认知主要在中班到大班发展较快。这说明幼儿对自我安全保护措施的认知在“是什么”和“为什么”两个层面的发展并不同步。这是由于小班到中班阶段，处于具体形象思维水平的幼儿还不能将具体的、零碎的认知进行概括和归纳，对事物之间的关系缺乏认识。而中班以后，随着幼儿抽象思维能力的萌芽和发展，幼儿具备了一定的抽象概括能力，能够认识事物之间的关系。因此，研究者认为，小班到中班这一年龄阶段的安全教育应结合具体情境进行，教师和家长不仅要让幼儿认识应该怎么做，还要引导幼儿认识之所以这样做或那样做的原因，从而让幼儿对保护自身安全有更加清晰和完整的认识。而中班到大班这一年龄阶段的安全教育则不一定非要囿于具体情境，可以结合幼儿抽象逻辑思维开始发展的特点，采取多样化的形式更加深入地进行，同时，要引导幼儿发散性地认识各种能导致危险发生的情境，从而让幼儿掌握丰富、全面的安全知识和经验。

（二）实现安全教育模式转变，重在提高幼儿的自我保护能力

实现安全教育模式转变是指由急救型向预防型转变。研究表明，导致悲

剧发生的一个重要原因是幼儿欠缺安全防范知识、安全意识、安全习惯及自我保护能力差。教育者加强对幼儿的保护固然重要，但更为重要的是要加强幼儿自我保护能力的培养，这是解决问题的关键，也是安全教育的要求。

教师和家长应对幼儿加强行为规范的教育，培养他们独自应对环境、适应环境的能力，将可能发生的潜在危险提前告诉幼儿，避免受到伤害。可用形象、直观的教育手段，对幼儿进行最基本的安全教育和自我保护知识的指导，逐步提高幼儿预见危险、排除危险，保护自己的能力。

（三）进行安全演练，提高幼儿应对灾害的自我保护能力

安全演练是指以事先制定的安全事故应急救援预案为依据，对实际突发安全事件应急救援过程进行的模拟。安全演练的目的是为了掌握各种避险、逃生、自救的方法，提高应急反应能力。安全演练是以最直接的方式，让幼儿处在一种类似于真实的“危险”中，引导幼儿设想出各种各样自救自护的方法，有意识地训练幼儿的自救技能。

幼儿园应当每学期至少开展一次针对洪水、地震、火灾等灾害的紧急疏散演练，使师幼掌握避险、逃生、自救的方法。通过安全演练，创设仿真情境，让幼儿感受环境的恶劣、情况的紧急甚至是内心的恐惧，以培养幼儿的应变能力，不至于在真正遇到危险时束手无策。在进行安全演练时，必须遵循以下要求。

1. 依照预案，精心组织

各年龄班应当以幼儿园制定的安全应急预案为依据，在进行安全演练之前进行精心策划，落实演练中的每一个细节。

2. 科学安排，循序渐进

各年龄班在进行安全演练时，应当根据幼儿园的具体情况安排演练的内容，一般每学年第一学期安排相对简单的演练，第二学期可以安排一些相对复杂的演练，切勿盲目安排超过幼儿园应急能力的演练内容。

3. 结合实际，讲求实效

各年龄班在进行安全演练时，应充分结合本园的实际情况，安排一些最实用的安全演练。在演练的过程中，不要过分注重演练的形式，要注重演练

的实际效果，让师幼熟悉应急自救的具体步骤是最重要的。

4. 过程控制，确保安全

各年龄班在进行演练之前，必须提前设立一些演练的控制程序，以便及时调整演练的过程，当发生意外时，可以随时暂停演练，避免事故的发生。

5. 收集资料，及时反馈

各年龄班在演练之前，应当提前利用摄影、摄像等设备对演练的过程进行记录，以便在演练之后进行分析总结。

6. 分析协商，问题纠正

当安全演练结束后，各年龄班应当组织有关人员对整个演练过程进行总结，分析演练的成败原因，为今后的班级安全教育厘清思路。同时，针对演练过程中暴露出的实际问题和人为失误，要进行纠正直至问题得到彻底解决，以免为以后的班级安全教育留下隐患。

通过多次的演练活动，可以使幼儿学会应对安全问题，做到快速、有序地应对各种突发事件，避免安全事故发生，往往能起到事半功倍的效果。如幼儿园可以和消防大队联系并合作，让幼儿在消防演练活动中学会一些基本的逃生方法以及自救技能，如匍匐前进、用湿毛巾捂住口鼻等，通过这样的活动，既培养幼儿的安全意识，又让幼儿从中获得力所能及的避害、逃生方法和自我保护的经验。

第三节 幼儿园安全教育活动的设计与指导

活动是进行安全教育的主渠道，通过活动可让幼儿亲身经历整个过程，增强安全意识，提高自我保护能力。幼儿园安全教育活动具有一定的特殊性，是指教师有计划、有目的地组织或安排专门时间，以提高幼儿安全意识和能力为核心目标的集体教育活动，一般包括安全教学活动和安全演练。

教师在设计和组织安全教育活动时思路不清，以致影响安全教育的效果，原因有二：一是在活动设计方面，目标不明确，不能突出安全教育的特点，活动形式、内容和材料的选择也不太恰当。二是在活动组织方面，对体验、讨论等环节的组织存在一些问题，削弱了安全教育活动的实际效果。因此，为了保证安全教育活动的效果，教师有必要在设计安全教育活动时对目标、形式、内容、方法等进行深入思考。

一、幼儿园安全教育活动的设计

（一）活动目标的设计

确定具体的安全教育活动目标时要充分考虑安全教育的总目标，各年龄阶段幼儿的实际水平和发展特点，所选活动的教育价值、应用价值等，在确定目标时可以从认知、情感与态度、操作技能三方面提出。

1. 认知目标

认知目标表述的是幼儿在安全教育中有关的安全知识以及认识能力方面的发展要求。具体表述如“了解安全用电常识、知道保护自己的方法”等。

2. 情感与态度目标

情感与态度目标表述的是安全教育活动中情感体验和能力发展以及对安全教育活动的兴趣培养的要求。具体表述如“喜欢参与”“体验乐趣”“积极参加”等。

3. 操作技能目标

操作技能目标表述的是幼儿在安全教育活动中，运用身体动作进行安全体验和表达技能方面的要求。具体表述如“学习履行一些简单的安全行为、培养能力、掌握技巧”等。另外，在表述目标时，每一方面尽量分别阐述，避免交叉，但也应考虑突出重点，不必面面俱到。

安全教育活动目标的制定要重视幼儿安全认知的提升。研究发现，幼儿对于哪些行为会导致意外伤害事故的发生往往了解得比较多，而对意外伤害事故究竟是怎样发生的却很少有科学的了解。他们通常能够了解哪些行为是危险的，哪些事情是不能去做的，但是不了解为什么这些行为会导致意外伤害事故的发生，也就是说，幼儿的安全行为通常缺少相应的安全认知作为支撑。幼儿安全事故的发生与其缺少必要、科学的安全认知是相关的，因此安全教育活动应该在注重培养幼儿安全行为的同时，合理地提升幼儿的安全认知，这有助于幼儿安全行为的养成。

（二）活动形式、内容和材料的选择

教师在选择安全教育活动的形式、内容和材料时要时刻考虑自己的选择是否与活动目标相匹配，是否能很好地完成活动目标。如果与目标脱离，教育形式再花哨，也很难达到预期效果。有些安全教育活动，一旦活动形式确定了，活动材料也就基本确定了。如选择以角色游戏形式开展安全教育活动“一个人在家怎么办”，活动材料无非是角色游戏材料。

（三）安全教育活动过程的设计

教师在组织安全教育活动时，如果某个环节把握不好，很可能会影响到安全教育活动的整体效果。因此，教师在组织开展安全教育活动时应该密切注意活动流程，观察各个环节的活动是否有利于达到活动目标，幼儿是否能积极参与活动，活动节奏是否流畅紧凑，各个环节间的过渡是否顺畅自然等，及时发现和解决问题，以使教育活动达到最佳效果。

体验和讨论相结合是幼儿园安全教育的常用方法，然而，教师在运用这些方法时经常会出现问题。在体验方面存在的主要问题是体验不到位，即在幼儿还没有充分体验的时候活动已经草草收场，或者说只有一小部分幼儿体验到了活动的精髓，而其他大部分幼儿还没有体验到；在讨论方面容易出现的问题是教师设计的讨论问题比较空，使讨论流于形式，许多幼儿游离于讨论活动之外。

以“消防安全”教育这一主题活动为例：首先，教师和幼儿一起讨论其对消防安全感兴趣的任何内容，如消防演习有哪些步骤、怎样逃离火灾现场、有哪些消防用品等。接下来，在各种游戏活动中，幼儿可以去亲身体验刚才

所讨论过的内容。在艺术活动中，幼儿根据录像或画册等自制一些消防用品，如灭火器、消防队员制服、灭火用的长长的水管等。制作完后，大家一起讨论这些东西各自的用途。幼儿自制的消防用品接下来作为角色游戏的道具，教师也会为他们准备大量的道具，如由一个大纸箱和四个小椅子组成的消防车，消防队员的徽章等。

在角色游戏“灭火”中，一些幼儿在小房子里假装睡觉，另外一些幼儿扮演消防员。教师摇铃铛表示起火了，屋里的幼儿赶紧拨电话，消防员穿上“消防衣”（雨衣），骑上“消防车”（玩具车），跨过地上的消防梯，拿着“灭火器”（喷水瓶）朝起火的房子喷洒……

在该主题活动中，幼儿通过不同活动也进行了深入体验，因此，完成活动目标是完全可能的。

在组织安全教育活动时，应该对以下几点进行深入思考。

1. 体验

体验是安全教育活动的重要环节之一，随着安全教育活动的推进，体验的程度要不断加深。在体验环节的设计和组织上，教师首先应该考虑的是体验的目的和时间，即在预设时间里进行的体验活动是否有利于达成体验的目的。教师要确保大部分幼儿能获得完整的实践体验，因此，虽然有时候用于体验的时间已经超过了教师事先的预期，但由于有些幼儿还没有完成活动，教师要随机延长体验时间，以求达到体验目的。教师在组织安全教育活动时要避免预定时间一到就将体验活动草草收场，以致许多幼儿尚未来得及深入体验。教师应该通过日常活动中的观察积累，对幼儿完成体验活动的时间有个基本估计，从而保证体验活动的时间设计更合理。教师也可以在活动过程中根据需要灵活调整时间安排。教师在体验环节的巡回观察指导也很重要，认真观察幼儿的活动过程，不但可以准确把握体验的时间，也有利于及时发现问题，给予适当指导。

2. 提问

教师所提的问题分为开放式问题和封闭式问题两类。开放式问题没有固定的答案，封闭式问题则有固定答案。在组织安全教育活动时，教师应尽量多提开放式问题，以促进幼儿的思维发展。在设计问题时，教师要考虑问题的递进性，不断启发幼儿深入思考。如在安全教育活动“地震来了怎么办”中，教师可以通过询问“地震来了躲哪里最安全?”“什么时候往外跑?”“逃跑时应该注意什么?”“可以用什么来护住我们的头?”等递进性问题，引导幼儿思考。

当然，最重要的是，教师提出的问题应该有力于顺利达成活动目标，教师在设计问题时要特别注意问题与活动目标的适配性问题。

3. 讨论

在安全教育活动中，讨论具有重要价值。幼儿通过体验活动而产生的对事物的情感和看法都可以通过与人讨论的方式加以表达。可以说，讨论环节直接影响着安全教育活动的效果。然而，目前安全教育活动中的讨论往往流于形式，总是以几个幼儿回答教师的问题结束，大多数幼儿游离于讨论之外，致使活动秩序混乱，教学节奏松散，没有成效。讨论应该是以先小组后全体的方式进行。在小组讨论的基础上，选择观点比较有代表性的幼儿在全班幼儿面前发言，有利于进一步提高讨论效果。

总之，在安全教育活动的设计和组织中，教师要时时刻刻承担起教师应尽的责任。如设计中的负责任就是要认真设计每个环节，选择适宜的活动目标、内容、形式和材料。

二、幼儿园安全教育活动的范例和分析

范例

保护自己办法多（大班）

活动目标

1. 初步了解身体主要内脏的部位、功能及对人体健康的影响。

2. 知道心脏、肺、胃、肠道的主要作用和保护方法。

活动准备

1. 经验准备：请幼儿和家长收集有关于人体心脏、肺、胃、肠道的知识。

2. 材料准备：人体挂图、心脏图片、肺的图片；有关食物消化吸收的PPT、心脏工作的PPT；饼干。

活动过程

1. 张贴挂图，引出主题

（1）张贴挂图，引导幼儿观察，帮助幼儿了解人体主要器官的位置及名称。

（2）鼓励幼儿在自己的身体上相应地找到心脏、肺、胃、肠道的位置。

2. 出示图片，帮助幼儿逐一了解身体内脏器官

（1）出示心脏图片。

①教师：关于心脏，你都知道什么？它是什么形状的？像什么？它在我们身体的什么位置？（请幼儿讲述自己了解的有关心脏的知识）

②请幼儿快速跳跃20下后，把手放在心脏的位置，提问：你发现了什么变化？

③教师：请小朋友互相听一听，能听到什么声音？你知道的心脏有什么作用？

④在幼儿讲述自己的看法后，教师进行小结：心脏像人体的发动机，日夜不停地跳动，将血液送到全身的各个地方，使身体得到营养物质和氧气，可让人的身体保持健康。

（2）出示肺的图片。

①提问：跟小朋友呼吸有关系的器官，你们知道是什么吗？

②教师：小朋友你们看，这个就是人体的肺，你们知道肺有什么作用吗？请你将嘴巴、鼻子都捂上，试一试有什么感觉。

小结： 肺是人们气体的交换站，它在人体胸腔左右各一片。没有它，人就无法呼吸了。

（3）出示胃、肠道的图片。

①提问：你们知道每天吃进去的东西都跑哪里去了吗？

②播放 PPT 演示食物经过口腔，通过食道到达胃，再经过肠道的过程。

③体验游戏：给每个幼儿 1/4 块饼干，先请幼儿大口快速地咀嚼后咽下。再给幼儿 1/4 块饼干，请幼儿慢慢地咀嚼然后吃下，请幼儿讲述两种方法的区别。

提问：两次吃饼干，你有什么不一样的感觉？怎样做才能够保护你的肠胃？

小结： 我们吃的食物经过牙齿咬成小块，然后进入胃里被再次磨碎，成为细小的颗粒。因为磨碎的食物容易被小肠吸收，大肠不能吸收营养，人的大便是在大肠内形成的。

3. 组织幼儿谈论怎样保护自己的内脏

教师：人体的内脏器官这么重要，要怎样来保护呢？（让幼儿自由表达）

小结： 人身上的器官就像玩具的零件，当有零件出现问题的时候，玩具就不能很好地使用了。（出示玩具，演示出现问题后，玩具不能正常地使用）当身体的器官出现问题时，身体就会感觉不舒服，所以只有爱护我们的内脏，它们才能正常地工作。平时要注意多锻炼，多呼吸新鲜空气，少吃或不吃生的、凉的食物，多喝水，这样身体内的器官才不容易生病。

活动延伸

1. 在日常生活中，请幼儿在剧烈运动后观察自己身体的变化，并说出适宜的保护方法。

2. 在班级内张贴人体挂图，帮助幼儿了解有关人体的知识。

3. 在图书区投放人体重要器官的挂图，鼓励幼儿在区域游戏时互相交流，增加有关人体的知识。

活动分析

身体器官是幼儿所不熟悉的领域，因此帮助幼儿获得有关身体内脏器官的知识，学习自我保护的方法就显得尤为重要。此活动具有以下优点。

1. 活动目标

目标来源于《纲要》，对幼儿有重要的意义。此活动内容贴近幼儿的生活，从幼儿生活中来，在生活中展开。大班幼儿正处于好奇心旺盛的阶段，他们关注身体的变化，所以此活动中关于人体器官的详细观察内容，符合幼儿的年龄特点，也符合《纲要》的要求，同时，自我保护意识缺乏是幼儿普遍存在的问题。通过这次活动，能够让幼儿形成安全的意识，学会保护自己。

2. 活动过程

引导幼儿通过亲身体验、亲自感知获取知识。直接经验感知、操作和游戏是幼儿学习的主要方式。此活动中，教师利用人体挂图、各种 PPT，帮助幼儿了解器官名称；通过同伴间的听一听、找一找等活动提升幼儿的兴趣，增强幼儿对器官位置、功能的认识；通过蹦跳、憋气、大口吃食物等活动，让幼儿亲身感受身体的变化，从而得到相关的知识，这对幼儿来说是至关重要的，因为幼儿是积极的活动者和主动的学习者。

3. 活动效果

能够使幼儿在幼儿园的一日生活中主动运用所学的知识，自觉地保护内脏器官。户外活动时，看到好动的幼儿奔跑时，会有人主动告知他这样对心脏不好；户外回来喝水时，幼儿间也能够互相提醒一次不能喝太多；进餐时，他们能够慢慢地咀嚼，再也不用教师提醒吃慢一点；回家后，看到家人吃冷饮时，他们也会主动告知这样对肠胃不好。通过此活动，幼儿有了保护身体的意识。

4. 建议

在经验准备阶段，教师可以在班级环境中提前布置出人体的挂图，激发幼儿了解身体秘密的好奇心，然后主动地去收集相关材料，而不是在家长和教师的提示下完成，这样，幼儿主动学习的意识会更强。

参 考 文 献

鲍欣欣．幼儿园小班班级规范事件研究［D］．南京：南京师范大学，2005：12.

崔卓，于开莲．绿色教育的核心理念及其可行性研究：基于幼儿园灾害教育调查的实证分析［J］．北京师范大学学报（社会科学版），2010（4）．

杜长娥．幼儿行为习惯的结构与养成［J］．山东教育，2000（Z3）．

范惠静．幼儿园健康教育活动指导［M］．北京：人民教育出版社，2013.

范惠静．幼儿园优秀健康活动设计 80 例［M］．北京：中国轻工业出版社，2014.

冯晓霞．幼儿园课程［M］．北京：北京师范大学出版社，2000.

冯志坚．学前儿童体育［M］．长春：东北师范大学出版社，2013.

高庆春，梁周全．学前儿童健康教育［M］．北京：高等教育出版社，2011.

顾荣芳．对幼儿安全教育的思考［J］．幼儿教育，2006（11）．

顾荣芳．学前儿童健康教育论［M］．南京：江苏教育出版社，2009.

洪明．少年儿童社会适应文献研究综述［J］．少年儿童研究，2011（8）．

侯扶江，徐磊．生态系统健康的研究历史与现状［J］．草业学报，2009（12）．

侯海凤．儿童的时间观念与儿童教育时间的“取法自然”［J］．学前教育研究，2009（8）．

黄瑾．幼儿园教育活动设计与指导［M］．上海：华东师范大学出版社，2014.

拉塞尔·福斯特．生命的节奏［M］．郑磊，译．北京：当代中国出版社，2004.

兰贯红．育婴员［M］．北京：海洋出版社，2015.

李季湄，冯晓霞．《3—6 岁儿童学习与发展指南》解读［M］．北京：人民教育出版社，2013.

李君．幼儿心理健康教育［M］. 北京：科学出版社，2008.

李俊祺．幼儿园安全事故分析与完善安全预防对策研究［D］. 长春：东北师范大学出版社，2008.

李幼穗．儿童社会性发展及其培养［M］. 上海：华东师范大学出版社，2005.

林崇德．发展心理学［M］. 北京：人民教育出版社，1995.

林晓萍．浅议幼儿自我服务能力和劳动习惯的培养［J］. 学前教育研究，2001（5）.

刘华蓉．孩子的成长别错过更别越过［N］. 中国教育报，2012-12-9（3）.

刘金花．幼儿发展心理学［M］. 上海：华东师范大学出版社，2013.

刘文英，幼儿园安全教育常识［M］. 石家庄：河北大学出版社，2012.

刘馨．试析《3—6岁儿童学习与发展指南》“健康”领域的目标［J］. 幼儿教育，2013（3）.

刘馨．学前儿童体育［M］. 北京：北京师范大学出版社，2013.

刘焱．儿童游戏通论［M］. 北京：北京师范大学出版社，2004.

卢乐山，林崇德．中国学前教育百科全书［M］. 沈阳：沈阳出版社，1994.

逯苗．幼儿自我保护能力测评系统的研发［D］. 济南：山东大学出版社，2006.

牟利民．学前教育的理论与实践问题研究［M］. 武汉：华中师范大学出版社，2013.

欧新明．幼儿健康教育［M］. 北京：教育科学出版社，2003.

欧阳新梅．幼儿动作发展之二：粗大动作的发展［J］. 启蒙（0—3岁），2007（11）.

欧阳新梅．幼儿动作发展之三：精细动作的发展［J］. 启蒙（0—3岁），2007（12）.

庞建萍，柳倩．学前儿童健康教育与活动指导［M］. 上海：华东师范大学出版社，2014.

庞建萍，柳倩．幼儿健康教育［M］. 上海：华东师范大学出版社，2008.

裘指挥．幼儿社会教育与活动指导［M］. 北京：高等教育出版社，2014.

石凤玲．培养幼儿良好行为习惯应遵循的原则［J］. 山东教育，2003（36）.

石琼，金红军，郭霞珍，等．下丘脑的食欲调节网络［J］. 国外医学内分泌学分册，1999（5）.

王恬，张瑛．学前儿童健康教育［M］. 北京：高等教育出版社，2013.

王文丽．幼儿良好习惯的培养［J］. 甘肃教育，2007（8）.

王雯波．幼儿行为习惯养成教育的实践研究［J］. 宁波教育学院学报，2008（5）.

吴升扣，姜桂萍. 学龄儿童动作发展测量的研究进展［J］. 中国儿童保健杂志，2014（1）.

吴升扣，张首文. 动作发展视角下幼儿体育与健康领域学习目标的国际比较研究［J］. 成都体育学院学报，2014（5）.

吴穗. 幼儿园运动健康教育课程［M］. 广州：广东人民出版社，2007.

夏力. 回归生活：幼儿园教育活动案例评析［M］. 上海：复旦大学出版社，2009.

谢军. 3—9岁儿童自我控制能力的发展［J］. 心理发展与教育，1994（4）.

徐东. 家庭中幼儿良好生活习惯的培养［J］. 兰州学刊，2008（04）.

徐小龙. HighScope学前课程模式近二十年的发展［J］. 学前教育研究，2001（4）.

叶平枝. 学前卫生学［M］. 郑州：郑州大学出版社，2013.

叶平枝. 幼儿教师日常教学评价行为的现状及存在的问题［J］. 学前教育研究，2010（6）.

叶平枝. 在幼儿教育课程改革背景下重新审视关键经验的意义、内涵与特征［J］. 学前教育研究，2008（11）.

俞春晓. 幼儿园集体教学活动设计方法与实例［M］. 北京：中国轻工业出版社，2012.

虞永平. 学前课程价值论［M］. 南京：江苏教育出版社，2002.

张华. 经验课程论［M］. 上海：上海教育出版社，2001.

张莉，潘义红. 幼儿生活卫生习惯培养的途径［J］. 长春教育学院学报，2004（4）.

张首文，等. 学前儿童健康教育［M］. 北京：清华大学出版社，2015.

张云波. 食欲调节机制的研究进展［J］. 国外医学卫生学分册，2008（2）.

赵景辉. 公开观摩活动小议［J］. 当代学前教育，2009（5）.

郑雪，刘雪兰，王玲，等. 幼儿心理健康教育［M］. 广州：暨南大学出版社，2006.

中国教育科学研究院早期教育研究中心. 幼儿园领域课程资源（健康）［M］. 北京：教育科学出版社，2014.

周宗奎. 幼儿心理与教育实用百科［M］. 武汉：湖北少年儿童出版社，2003.

朱丹. 谈小班幼儿健康饮食习惯的养成［J］. 早期教育（教师版），2005（11）.

朱玲. 浅谈幼儿良好生活习惯的培养［J］. 武汉市教育科学研究院学报，2006（8）.

出 版 人　李　东
策划编辑　白爱宝
责任编辑　孙冬梅
版式设计　杨玲玲
责任校对　贾静芳　金　霞
责任印制　叶小峰

图书在版编目（CIP）数据

幼儿园健康领域教育精要：关键经验与活动指导／叶平枝等著．—北京：教育科学出版社，2021.1（2025.3 重印）
（幼儿园领域课程指导丛书）
ISBN 978-7-5191-2387-1

Ⅰ．①幼…　Ⅱ．①叶…　Ⅲ．①健康教育—教学研究—学前教育　Ⅳ．①G613.3

中国版本图书馆 CIP 数据核字（2020）第 227346 号

幼儿园领域课程指导丛书
幼儿园健康领域教育精要——关键经验与活动指导
YOU'ERYUAN JIANKANG LINGYU JIAOYU JINGYAO——GUANJIAN JINGYAN YU HUODONG ZHIDAO

出版发行	教育科学出版社		
社　　址	北京·朝阳区安慧北里安园甲 9 号	邮　　编	100101
总编室电话	010-64981290	编辑部电话	010-64989584
出版部电话	010-64989487	市场部电话	010-64989572
传　　真	010-64989419	网　　址	http://www.esph.com.cn

经　　销	各地新华书店		
制　　作	北京金奥都图文制作中心		
印　　刷	保定市中画美凯印刷有限公司		
开　　本	720 毫米×1020 毫米　1/16	版　　次	2021 年 1 月第 1 版
印　　张	114.75	印　　次	2025 年 3 月第 5 次印刷
字　　数	1688 千	定　　价	377.00元（共7册，含光盘）